THÉORIE
DU MÉCANICIEN
CONDUCTEUR DE LOCOMOTIVE

OU

MANIÈRE DE CHAUFFER, CONDUIRE & ENTRETENIR UNE MACHINE LOCOMOTIVE

SUR LES CHEMINS DE FER

avec

modifications apportées depuis 30 ans sur ces machines

SUIVIE D'UNE NOTE SUR LA CONDUITE DES BATEAUX

PAR COMBY

l'un des plus anciens mécaniciens-conducteurs de France.

PARIS

LIBRAIRIE LOUIS JANET

MAGNIN, BLANCHARD ET Cie

3, rue Honoré-Chevalier, 3

1859

THÉORIE
DU MÉCANICIEN
CONDUCTEUR DE LOCOMOTIVE

ANGERS, IMPRIMERIE DE COSNIER ET LACHÈSE.

THÉORIE
DU MÉCANICIEN
CONDUCTEUR DE LOCOMOTIVE

OU

MANIÈRE DE CHAUFFER, CONDUIRE & ENTRETENIR UNE MACHINE LOCOMOTIVE

SUR LES CHEMINS DE FER

avec

modifications apportées depuis 30 ans sur ces machines

SUIVIE D'UNE NOTE SUR LA CONDUITE DES BATEAUX

PAR COMBY

L'un des plus anciens mécaniciens-conducteurs de France.

PARIS
MAGNIN, BLANCHARD ET Cie, LIBRAIRES-ÉDITEURS
3, rue Honoré-Chevalier, 3
1859

AVERTISSEMENT

Trente années d'expérience nous ont mis à même de connaître tous les accidents qui peuvent survenir aux machines employées sur les chemins de fer. Notre but est de donner un manuel complet, comme pratique, et d'aider à l'intelligence de l'homme qui veut embrasser la carrière de conducteur de locomotives.

Comme nous l'avons fait jusqu'ici, nos principes peuvent s'appliquer à presque toutes les machines, car les systèmes varient; si toutes les machines étaient semblables, notre manuel serait une loi de machines. Nous disons bien que les machines ne sont pas les mêmes comme forme, ni comme mécanisme, mais, pour le travail de la vapeur, il n'y a de changements notables que dans la distribution ; aussi nous nous sommes appliqué à démontrer combien il était important de la bien connaître. Nous la donnons pratiquement sans y ajouter aucunes notions théoriques, pour rester à la portée de tous ; car l'on peut trouver d'excellents mécaniciens qui n'ont pas fait d'études préparatoires, et auxquels la pratique seule est familière.

En suivant notre manuel, on passera successivement en revue toutes les pièces qui constituent les machines depuis le régulateur, et on apprendra à en bien connaître l'usage, l'utilité, à prévenir les accidents et à y remédier autant que possible, dans les cas urgents.

Une table des matières détaillée facilitera les recherches au besoin.

THÉORIE

DU MÉCANICIEN

Lorsque vous êtes désigné pour conduire une machine, n'importe pour quel service, il est indispensable que vous l'inspectiez entièrement, surtout quand c'est pour la première fois que vous la conduisez, soit qu'elle sorte de construction, de réparation ou des mains d'un autre mécanicien.

I.

1o Vous commencez par le régulateur; vous vous assurez qu'il fonctionne librement, qu'il ferme hermétiquement, et que les repères ouverts ou fermés sont exacts.

II.

2° Vous voyez si la clarinette à niveau d'eau est en bon état, et si les robinets sont en rapport avec leur clef et avec les orifices ; s'il s'en trouve qui ne le soient pas, il faut les y mettre autant que possible ; car c'est un défaut qui peut donner lieu à de grands inconvénients.

III.

3° S'assurer si le changement de marche est libre et en bon état dans sa manette ; si son verrou et sa tringle sont libres et sans aucun frottement qui gêne la manœuvre ; si les boulons d'attache, tant du côté du levier que du côté de l'arbre de relevage, sont bien goubillés, si les écrous de l'articulation du guide du tiroir n'ont pas de jeu ; car il arrive souvent que le verrou du levier de changement de marche ballotte dans les crans du quart de cercle, ce qui vient ordinairement de l'usure des coulisseaux, des secteurs, ou du jeu qui existe dans les boulons de suspension, ou du jeu des colliers d'excentrique; l'on fait réparer ceci avec d'autres réparations plus importantes.

IV.

4° Si les robinets réchauffeurs sont en état; si les joints avec les tuyaux d'aspiration sont bons. Si les joints étaient mauvais, il en résulterait du jeu pour l'aspiration de la pompe et de plus une perte d'eau.

V.

5° Si le sifflet fonctionne bien. Il faut qu'il soit libre pour siffler facilement.

VI.

6° Si les leviers des balances ne sont pas trop serrés dans leurs chappes et si le pointeau est dans son centre respectif de la soupape; voir si les ressorts des balances ne sont pas trop faibles et si la graduation des balances répond à celle du manomètre; il faut que le manomètre lui-même soit en état.

VII.

7o Il faut que la barre de traction et son boulon ne laissent rien à désirer comme sécurité ainsi que les chaînes de sûreté. Il faut avoir le soin de bien serrer le tendeur de la machine avec le tender pour qu'il ne se desserre pas seul, ce qui retire le lacet de la machine.

VIII.

Les rotules faisant partie de la machine sont fixées par des supports qui font jonction avec le tuyau d'aspiration. Ces mêmes rotules sont maintenues par des supports à bride dont le trop grand jeu occasionne des ruptures, ou elles se percent par le vacillement. Il peut y avoir rupture au collet du joint d'aspiration ou à la jonction de la rotule, ce qui arrive journellement.

Suite de l'article III.

La rupture de l'arbre de relevage ne peut avoir lieu qu'au levier qui supporte les suspensions, ou à celui qui reçoit la tringle du changement de marche ; ce dernier est toujours fixé au moyen d'une clef. S'il venait à se casser, vous pourriez continuer le service, mais il serait bon de vous mettre en mesure, parce que vous ne pourriez faire contre-vapeur dans un moment imprévu ; vous seriez obligé d'y adapter une pince au moyen d'un levier pour le manœuvrer. Pour la perte d'un boulon soit au maneton soit au levier de changement de marche, vous avez les mêmes difficultés ; si c'est le maneton qui supporte la coulisse, qui se casse, vous ne pouvez plus alors vous servir de ce côté comme distribution à moins que la coulisse ne se trouve pour la marche en avant par le haut ; si elle se trouvait par le bas vous ne pourriez la maintenir, vous seriez obligé de laisser fonctionner les excentriques et de désarticuler le tiroïr et le piston. Nous disons que la coulisse travaille du bas pour l'avant et du haut pour l'arrière; en mettant le levier à fond vous pourriez avoir les deux côtés. Si c'est le haut, vous serez en pareil cas obligé de faire la détente par le régulateur comme pour un seul collier; si cependant ce n'était qu'un boulon, l'on peut toujours y porter remède soit avec une cheville en bois, soit avec un boulon de n'importe quel diamètre inférieur. Lorsque vous désarticulez un tiroir et que vous laissez fonctionner vos excentriques, conservez assez de distance pour que vous ne heurtiez pas la tringle du tiroir qui pourrait sortir de la position dans laquelle vous l'avez fixée, pour empêcher l'introduction de la vapeur qui pourrait occasionner un dérangement au piston. (*Autre manière*) Si vous cassez un arbre de distribution, changez la marche avec une pince; servez-vous de la pince après, pour faire un billiage, attachez-le du haut par rapport à son poids qui cherche à descendre, et vous marcherez jusqu'à destination; vous ne pourrez détendre que par le régulateur plus ou moins ouvert. Si votre barre de relevage de l'arbre de distribution casse, pour manœuvrer changez la marche, soit en avant soit en arrière, avec la pince; si elle ne tient pas, attachez-la avec des cordes.

IX.

TRAVAIL DES POMPES.

Parmi les tuyaux de refoulement qui se trouvent fixés entre le clapet d'aspiration et celui de refoulement, est le tuyau d'épreuve de la pompe adapté à un robinet d'épreuve qui se trouve sous la main du mécanicien; très souvent ce même robinet ne fonctionne pas, quoique la pompe donne très bien. Il arrive fréquemment que quelques fragments de garnitures de chanvre s'y introduisent et l'empêchent de donner à l'épreuve; il est donc urgent d'en faire la visite à l'arrivée au premier dépôt, pour sa responsabilité personnelle. Il est nécessaire que toutes les sections des pompes soient dans le plus parfait état, jusqu'au robinet d'introduction qui se trouve fixé auprès de la chaudière, qui doit être libre dans certains cas qui se présentent d'urgence, pour en opérer la fermeture.

Le travail des pompes est assez bizarre : un rien les empêche de fonctionner. Cela peu provenir du tender ou de quelques morceaux de filasse engageant les boulets. Aussitôt qu'une pompe cesse de fonctionner ou que le robinet d'épreuve ne vous donne pas toute certitude, comme il a été prescrit plus haut, vous consultez le tuyau de refoulement, vous le palpez; si vous sentez l'écoulement de l'eau à son passage, vous trouvez le tuyau chaud à la température de la chaudière, si la pompe a cessé de fonctionner; si elle fonctionne vous trouvez le tuyau à la température de l'eau du tender. En supposant qu'elle ait cessé, vous en faites la visite, tout en vous assurant que la pression de la chaudière n'a pas d'action sur le clapet d'aspiration; vous opérez la fermeture du robinet près de la chaudière; vous démontez le couvercle du clapet d'aspiration et vous faites arriver l'eau du tender en abondance en examinant bien ce qui sort, et qui a occasionné l'arrêt de la pompe; lorsque vous avez fait l'opération, vous la faites aux autres tuyaux si vous n'avez rien trouvé au premier; c'est toujours à l'aspiration que le travail des pompes est le plus important et sujet à pécher. Si une rupture survenait tout à coup à un tuyau de refoulement ou d'aspiration, il faudrait fermer la pompe hermétiquement et même l'attacher pour la montrer aux chauffeurs des gares; si la chaudière désalimente, il faut fermer le robinet d'introduction et se servir de l'autre pompe bien sagement et tenir sa chaudière presque pleine jusqu'à la première destination. Il est arrivé que de gros fragments de chanvre sont venus caler le clapet d'aspiration sur son siége, chose rare du reste, et l'eau ne trouvant plus son passage, les tuyaux ont crevé. Si un clapet du tender venait à se détacher de sa tringle ou s'il restait fermé, vous ne pourriez plus alimenter; vous mettriez la vapeur dessus par le moyen du robinet réchauffeur qui peut vous le faire sauter en dedans; si au contraire le clapet donnait une quantité d'eau plus que suffisante, mettez-lui un peu de vapeur par le robinet réchauffeur pour l'empêcher de donner, si toutefois la position le permet. Il arrive qu'en faisant la jonction de l'accouplement du tender à la machine, le plongeur de la rotule, quoique bien arrondi, entraîne avec lui quelques parties de la garniture du presse-étoupe et vous êtes encore sur le point d'avoir le travail des pompes dérangé; il est donc nécessaire, toutes les fois que vous avez fait exécuter un travail quelconque dans la caisse à eau, d'en faire une inspection exacte. Ce sont toujours les pompes qui occasionnent ces coups de feu aux machines, qui sont toujours si dangereux.

On doit porter une active surveillance sur chaque objet relatif aux pompes; de là dépend la sécurité des machines. Toutes les fois que les pompes pèchent, vous êtes exposés à rester en route ou à brûler la machine, et vous courez de graves dangers.

Il peut arriver, qu'étant obligé de faire une réserve de vingt-quatre heures dans un dépôt, on trouve une pompe qui désalimente et peut ainsi vider la chaudière par les joints ou les rotules. Cela vient de ce que le boulet de retenue se trouve ovalisé, ou encrassé par le tartre sur son siége. Je vous conseille, dès que vous serez arrivé au dépôt, de fermer avec soin et d'avance la pompe qui est sujette à désalimenter; si elle dégraine, d'attacher la clef de la pompe, d'ouvrir le robinet d'épreuve et de fermer celui d'introduction; et en montant sur votre machine de ne pas oublier de l'ouvrir, car si vous l'oubliiez vous feriez crever les tuyaux en ouvrant la pompe sans y penser.

Il arrive que si vous ne faites pas cette opération, vous êtes surpris s'il vous faut partir en tête d'un train ou au secours; votre chaudière n'a pas de l'eau suffisamment par rapport à la perte éprouvée, et votre feu n'est pas en état, ayant été capuchonné en réserve. Vous n'êtes pas parti qu'il faut alimenter et allumer le feu, ce qui fait très mauvais effet, et vous vous en sentez pendant tout le trajet. Si au contraire votre chaudière est pleine, vous pouvez faire un certain parcours, ce qui vous donne le temps de mettre votre feu en bon état et de pouvoir l'allumer. Je conseille de faire cette réparation en rodant le boulet ou réparant le plus tôt possible.

X.

TRAVAIL DES PLONGEURS DES POMPES ET DES PISTONS.

Assurez-vous de l'état des plongeurs des pompes aux boulons d'attache. Nous avons plusieurs sortes de commandes de plongeurs : les uns sont commandés par un collier d'excentrique qui est tenu à la fonte avec deux joues qui forment le mouffle; le boulon qui tient la bille du corps de pompe est muni d'un ergot qui l'empêche de tourner; sans cela les trous seraient bientôt ovalisés et l'on serait obligé de rapporter des bagues pour faire disparaître le jeu. Le deuxième bout de la bielle est fixé dans le fond du plongeur en fonte creuse, et il a aussi un mouffle dans le fond, de manière que le plongeur se trouve articulé des deux bouts; l'on y a adapté un entonnoir qui conduit l'huile au mouffle du fond. Nous avons les plongeurs commandés par les petites têtes de bielle au moyen du boulon avec corps de pompe extérieur; d'autres sont commandés par une bielle de commande à la roue d'arrière accouplée (machines à marchandises). La première série des machines Crampton a le corps de pompe à l'avant; à côté de la boîte à fumée, le plongeur de la pompe est fixé au piston à vapeur; la bielle motrice, le piston à vapeur et le plongeur de la pompe ne forment qu'une seule ligne : ce système de pompe a obtenu la préférence comme fonctionnant bien et étant facile à réparer. La deuxième série a le plongeur de la pompe adapté à la crosse du piston à vapeur par une douille tenue à la crosse; cette pièce est très difficile à réparer lorsqu'elle vient à se casser par suite de desserrage. Pour faire disparaître des dispositions vicieuses, des modifications importantes ont été apportées par les ingénieurs des compagnies aux machines, après leur sortie des ateliers de construction. Les pistons à vapeur sont sujets à perdre aussi fréquemment leur centre; tout dérangement dans un piston peut occasionner la rupture d'un cylindre. Quand même les pistons ne témoignent pas la moindre perte, il est urgent de les visiter au moins tous les mois; ne serait-ce qu'un écrou qui viendrait à se desserrer et qui se logerait soit entre le plateau du cylindre et le disque du piston, la rupture pourrait avoir lieu dans un segment; ou le clavetage qui aurait cédé, ou le décentrage qui laisserait frotter les disques sous les surfaces du cylindre, quand on ne les a pas visités à temps; c'est encore par les pistons, puisque vous les visitez, que vous vous assurez si les bielles sont de longueur, si les cales ont été mises à propos pour allonger ou raccourcir, de manière que le piston ne touche pas soit en avant, soit en arrière.

Les freins d'écrous ont occasionné bien des fois des ravages en se détachant par la perte de la goupille; une fois roulés par le va et vient, ils finissent par passer dans les orifices des tiroirs et par faire briser les tiroirs; au moyen de fréquentes visites l'on finit par éviter tous ces accidents. Nous avons une infinité de systèmes de pistons; nous ne saurions auquel donner la préférence; tous les systèmes jusqu'ici ont eu leurs inconvénients plus ou moins grands. Un nouveau système, dit suédois, paraît être cependant le meilleur: c'est un piston formé d'un seul galet en fer muni de deux segments en fonte.

GRAISSAGE DES PISTONS.

Le meilleur moyen, à mon avis, c'est de graisser par le tiroir dont toutes les parties reçoivent la graisse; il faut avoir le régulateur fermé, le levier embrayé en grand. Faites cette opération en arrivant à une station ou à un point où vous êtes obligé de fermer le régulateur. Le graissage des pistons se fait avec du suif ou de l'huile; l'un et l'autre sont bons, quoique l'on en puisse faire la différence : l'huile est moins adhérente par rapport à la haute température de la vapeur; d'un autre côté le suif n'est pas toujours de bonne qualité. En faisant fondre le suif, tout en ayant soin de ne pas le laisser brûler, on peut faire un mélange d'un tiers de suif et de deux tiers d'huile; on en obtient les meilleurs résultats; tandis que si vous laissez brûler le suif, il finit par encrasser le piston et par s'attacher aux parois du cylindre, ce qui donne de la dureté au piston.

VISITE DES PISTONS.

La visite des pistons demande beaucoup d'attention sous tous les rapports, comme nous l'avons dit plus haut; l'on démonte les pistons à chaud autant que possible, pour avoir la facilité de desserrer les écrous ou les vis; il y a des pistons dont le disque est maintenu au corps, au moyen de quatre goujons fixes, et où les écrous sont extérieurs et noyés dans le disque; d'autres sont des vis filetées, qui ont leurs écrous en cuivre. Ces dernières sont dans le corps du piston; elles sont sujettes à ce que le pas s'arrache quand on les retire; c'est pour cela que nous recommandons de démonter les pistons à chaud. Si les segments sont desserrés et qu'ils soient à coins, l'on s'assure si, une fois le ressort sorti, ils ne seraient pas trop petits pour le diamètre du cylindre; il faut les battre intérieurement et bien correctement, à cette fin de les rapprocher du diamètre du cylindre. Si vous en opérez l'agrandissement au moyen de la vis de pression, il n'est pas de longue durée; vous opposerez un arc-boutant très rigide; aussitôt qu'un segment a éprouvé un peu d'usure, il est en état de perte. Il faut, comme nous l'avons dit, battre les segments; le battage des segments a bien son inconvénient, on peut ainsi déterminer une rupture; le montage des segments ou la mise en place, doit être fait de manière à pouvoir faire marcher le piston à la main et que les deux disques et leur serrage sur les segments soient libres de manière que les segments fonctionnent librement; le centrage doit être observé pour que les disques ne frottent pas sur le cylindre. Il faut que le frein qui tient les quatre écrous pour les empêcher de se desserrer et la goupille soient bien assujettis et que cette goupille soit ouverte selon le système des pistons. Toutes ces précautions sont exigibles comme mesures de sûreté.

RUPTURE D'UN PISTON OU D'UN TIROIR.

La rupture d'un piston ou d'un tiroir vous oblige à démonter tout le côté de la machine. Si le piston est cassé, vous mettez le piston et le tiroir à fond de course, ayant désarticulé le tiroir de son guide et vous laissez fonctionner les excentriques en ayant soin que leurs mouvements ne touchent à rien; si au contraire c'est le tiroir lui-même, vous démontez la bielle, et ayant assujetti le tiroir, vous calez le piston avec un billot en bois dans la glissière qui butte contre la tringle du piston; attachez-le bien solidement, serrez le presse-étoupe du tiroir, et amarrez-le bien solidement de façon qu'il ne bouge pas. Le cylindre et la boîte à vapeur font réservoir sans que cela porte obstacle à la marche du côté opposé; laissez les excentriques en place. Pour vous assurer si c'est le piston qui est brisé, vous disposez les manivelles pour recevoir la vapeur par l'ouverture de l'orifice du tiroir et vous laissez les purgeurs ouverts. Si la vapeur sort par les deux robinets, il y a rupture dans le piston. Vous ouvrez ensuite les orifices avec le tiroir; si la même perte existe, c'est le tiroir qui est cassé; dans ce cas vous commencez par voir le piston. Que ce soit l'un ou l'autre, il faut s'arranger de manière à marcher avec un seul côté, si la charge de votre train le permet, ou se mettre en mesure pour attendre du secours. Laissez démarrer la machine de réserve qui est venue vous prendre et qui se met en tête, avant de donner de la vapeur, pour faciliter le départ et n'éprouver aucune secousse dans le cas où votre machine ne serait pas en état de démarrer avec un seul côté. Si vous êtes forcé de marcher en arrière, vous prenez les mêmes précautions; dans ce cas vous devez toujours ouvrir votre régulateur le dernier et le fermer le premier pour le bien de la machine; vous devez toujours être soumis à la machine de réserve.

XI.

DES TIROIRS.

Les tiroirs qui sont renfermés dans la boîte à vapeur, sont maintenus dans un châssis; la plupart des tiroirs aujourd'hui sont verticaux; les tiroirs sont plus longs que les orifices des cylindres depuis que M. Clapeyron a fait cette modification; ils ont des recouvrements; les tiroirs ont des cavités pour recevoir la vapeur qui a terminé son travail, et lui donner passage dans les tuyaux d'échappement; la cavité du tiroir vient se placer en face de l'orifice d'introduction pour donner passage à la vapeur qui a déjà effectué sa course dans le cylindre, comme nous l'avons dit plus haut. Ainsi la vapeur ressort par les parties qu'elle a déjà traversées, et la cavité du tiroir occupe depuis l'orifice d'introduction jusqu'à l'orifice d'échappement; la vapeur parcourt rapidement une très grande distance. Dans l'origine des machines locomotives, l'on ne connaissait pas le recouvrement; depuis qu'il a été adopté on le met utilement à profit. Si vous vous trouvez dans un dépôt de réserve et s'il vous arrive qu'un tiroir soit cassé, il faut être capable de le remplacer par un autre tiroir dressé et raboté du même modèle, de manière à ce qu'il vous reste le recouvrement intérieur et extérieur convenable; pour cela vous consultez le centre de votre tiroir tout en partageant les différences, mais après en avoir ajusté le châssis, vous prenez exactement la largeur des orifices, c'est-à-dire depuis l'introduction jusqu'à l'extrémité de l'échappement; vous consultez votre tiroir pour savoir si vous avez une cavité assez grande; au besoin vous coupez intérieurement ce qu'il y aurait de trop ; vous en faites de même à chaque bout du tiroir, sans avoir besoin de consulter les morceaux de l'ancien.

Les carrés des guides des tiroirs sont sujets à prendre du jeu ou à se desserrer; ils demandent une attention toute particulière; trop de jeu fait éprouver une vibration qui se fait ressentir jusqu'au levier de changement de marche; ensuite l'usure se propage aux deux extrémités des coussinets, et il ne reste que la partie du milieu du coussinet qui sert de guide. Si vous donnez le moindre serrage, vous éprouvez la même difficulté que si vous aviez trop de jeu; il vaut mieux réajuster le coussinet dans son entier. La coulisse, les coulisseaux et les guides des tiroirs, commandent l'attention, surtout à cause de la distribution. Aussitôt que cette partie de la machine se trouve détériorée, ce mauvais état se fait ressentir sur toutes les autres parties du mécanisme et bientôt le mécanicien s'en aperçoit à sa consommation, par le chiffre qui s'accroît graduellement à son désavantage ; sa moyenne perd son rang et baisse. Il est alors obligé de supprimer sa détente habituelle, ce qui est vicieux et détériore la machine; il vaut mieux demander qu'il y soit fait une petite réparation, et conserver à la machine les frottements doux qu'elle possède. Si vous persistiez à la maintenir plus longtemps en service, vous seriez enfin obligé de rentrer en grande réparation, car vous établiriez de nouveaux frottements. Il y a donc avantage à ne rien négliger.

Les presse-étoupes tant des tiroirs que des pistons et des plongeurs de pompes ont leur inconvénient; leurs frottements sont les plus nuisibles, surtout quand ils ne sont pas soignés attentivement, quand on néglige les garnitures ou le graissage au moyen du siphon.

Si vous donnez du serrage au moyen des écrous, il en résulte une résistance considérable et vous vous exposez à casser les goujons, ce dont vous vous apercevez lorsque vous refaites vos garnitures. Si ce cas se présente en route, vous êtes dans l'inquiétude jusqu'à votre arrivée; si ce cas se présente au dépôt, vous faites remplacer le goujon, non sans encourir la perte d'un train et sans occasionner des retards dans le service, retards dont la responsabilité retombe sur vous. Ayez le soin, lorsque vous faites vos garnitures, de bien cintrer les presse-étoupes.

RUPTURE D'UNE TRINGLE DE TIROIR.

S'il arrive qu'il se casse une tringle de tiroir sur son filet, s'il vous reste un filet ou deux, retirez le bout qui vous reste dans l'intérieur de l'écrou, et assurez-vous que votre tiroir ne touche pas sur son coup-arrière, remmanchez-le par le peu de filet qui vous en reste et vous arriverez à destination, quoique votre machine soit déréglée. Si votre machine se trouvait par trop déréglée, il faudrait allonger la tringle d'arrière sur l'écrou, en avançant ce dernier pour gagner ce que vous avez raccourci. Autrement s'il ne vous reste pas de filet, vous pouvez avoir un manchon avec deux vis de pression, ajouter les deux tringles, serrer les deux vis de pression avec un coup de pointe si rien ne vous gêne, autrement si cela ne se peut, faites la même chose que si c'était le piston qui fût cassé. Après cette opération vous pouvez marcher avec un cylindre jusqu'au premier dépôt.

DES GARNITURES.

Les garnitures de presse-étoupes sont commodes pour l'alimentation du graissage au moyen du siphon ; on les conserve longtemps si elles ont été bien faites. Dans le principe, pour obtenir une bonne garniture, il faut d'abord que le chanvre ait été imbibé d'eau et qu'il soit graissé tout aussi bien qu'il a été imbibé d'eau ; il faut le tordre autant que possible tout en ayant soin, en le serrant, qu'il n'en sorte presque pas de corps gras, pour que son volume ne diminue pas trop, et pour ne pas être obligé de le recharger. On fait ces garnitures à froid autant que possible, pour obtenir la conservation du corps gras qui se répand en partie dans le cylindre, tandis que si vous les faites à chaud il ne reste plus de corps gras et vous vous exposez à rompre les goujons. Il y a quelques mécaniciens qui ont encore la mauvaise habitude de les faire sans mouiller le chanvre; dans ce cas votre garniture se trouve brûlée en peu de temps, tandis que mouillée elle se conserve plus longtemps.

Lorsque vous faites vos garnitures, comme nous l'avons dit plus haut, ayez le soin de bien cintrer vos presse-étoupes; pour les joints, il est urgent de les resserrer à chaud autant que possible.

XII.

DES COLLIERS ET DES BARRES D'EXCENTRIQUE.

Les colliers d'excentrique ont leurs frottements entièrement doux; ce sont en quelque sorte les frottements les plus faciles et qui dépensent le moins d'huile pour leur entretien, surtout lorsque les colliers sont bien dégauchis et bien serrés à bloc; ce sont les premiers agents de la distribution montés sur l'axe moteur; ils déterminent au moyen de la poulie excentrée, la distribution de vapeur aux cylindres; alternativement ils font ouvrir le tiroir lorsque la manivelle a dépassé les points; mais les barres d'excentrique, le secteur et le guide du tiroir ne font qu'une seule ligne de pièces destinées à donner ou régler la distribution.

RUPTURE D'UN COLLIER ET D'UNE BARRE D'EXCENTRIQUE.

La rupture d'un collier d'excentrique, soit en avant soit en arrière, donne lieu à un arrêt immédiat; si c'est le collier de la marche en arrière, vous en faites le démontage et vous êtes obligé de marcher à fond de course, en ne donnant pas toute la pression de la chaudière sur les tiroirs, au moyen des régulateurs qui remplacent en ce cas la détente du changement de marche. Si au contraire c'est celui de la marche en avant, vous le remplacez par celui de la marche en arrière. En arrivant dans une gare, ayez soin, autant que possible, de ne pas dépasser les prises d'eau, car vous ne pourriez reculer qu'avec la pince. Si vous ne pouvez pas mettre le collier de la marche en arrière pour la marche en avant, vous démontez la bielle motrice, vous mettez votre piston à fond et vous le calez comme nous l'avons dit en parlant de la rupture d'un piston ou d'un tiroir; vous désarticulez votre tiroir et vous marchez avec un cylindre. S'il s'agit d'une machine dont la coulisse est simple, il est facile d'y remédier; avec un mouvement extérieur, en sortant le boulon vous sortez la barre et le collier; lorsque vous prenez le collier de la marche en arrière pour la marche en avant, il est inutile de changer la barre, changez seulement le collier pour abréger le temps si cela se peut.

Mais si c'est une coulisse double, vous êtes obligé de tout démonter pour sortir la barre que vous supprimez; si vous n'êtes pas trop chargé, vous aurez aussi tôt fait de marcher avec un seul côté et de disposer l'autre comme s'il s'agissait de la rupture d'un piston ou d'un tiroir. Pour la rupture d'une barre d'excentrique, vous opérez également comme nous l'avons dit plus haut. Il est donc bien entendu que les précautions à prendre dépendent du système des machines. Il ne faut pas confondre les positions dans lesquelles vous vous trouvez; ne pas vous mettre à démonter sans avoir bien réfléchi à ce que vous allez faire, afin que vous ne trouviez d'obstacles sous aucun rapport, lorsque vous voudrez vous remettre en marche. Nous avons certains mécaniciens qui, pour supprimer un côté de machine comme un piston ou un tiroir cassé, démontent les deux colliers du même côté; ceci est inutile: désarticulez le tiroir seulement et laissez fonctionner les excentriques; ce sont des frottements qui ne gênent d'aucune manière. En principe abrégez le service, tâchez de ne pas perdre de temps; le retard d'un train se fait ressentir sur toute la ligne.

Une barre d'excentrique plus courte que l'autre vous donne un retard dans la distribution ; voici comment : admettez que vos barres d'excentrique soient à crochets ; comme pour passer en marche, elles se déclanchent et que votre machine boîte, votre tiroir éprouve un certain retard dans la coulisse ; vous ne vous en apercevez pas, parce que la coulisse remonte, mais le retard existe ; le déclanchement dans la coulisse est impossible, soit par le moyen du changement de marche, soit par la coulisse qui change la disposition du tiroir, ou le coulisseau. Nous avons des machines dans ces conditions. La disposition de l'arbre de relevage a beaucoup d'importance ; nous avons vu des machines dans lesquelles un changement d'arbre de relevage a changé toutes les conditions de la distribution.

Les suspensions des secteurs et des bielles d'excentrique demandent également beaucoup de soins. Il y en a dont les boulons ne sont retenus que par une goupille ; dans d'autres il y a un écrou de plus et une goupille qui traverse l'écrou et celles-ci sont préférables; car si vous veniez à perdre un boulon avec sa suspension, vous auriez le même inconvénient que si vous cassiez un collier d'excentrique; les suspensions sont fixées au levier de l'arbre de relevage. Il est rare que vous perdiez les deux; si par cas vous en perdiez un, il faudrait le remplacer, s'il s'en trouve dans la caisse à outils ; sinon avec un morceau de bois dur, l'on peut opérer ce remplacement pour se rendre à destination. Nous avons des coulisses de secteurs de plusieurs manières : les unes sont simples, les autres doubles; les coulisses doubles sont composées de deux flasques reliées par entretoise; elles réclament plus de soins que les simples, parce que les petites coulisses ont très peu de surface frottante, dans leur trou au carré du guide; moins vous avez de surface frottante, plus l'usure est rapide.

Les glissières et les coulisseaux ont un travail inverse aux yeux de celui qui ne comprend pas une machine; beaucoup de mécaniciens ont cru et croient encore que c'est la glissière du bas qui éprouve le plus fort frottement dans la marche en avant : c'est celle du haut, attendu que la manivelle cherche à soulever et non pas à appuyer. Bien que la machine soit parfaitement montée et que vous n'ayiez pas eu de mauvais frottements aux glissières, au bout d'un certain temps de service, pendant lequel vous seriez obligé de faire un long trajet en marchant en arrière, vous éprouveriez dans le coulisseau du bas un grippement; vous devez dans ces circonstances graisser plus grandement que si les machines qui ont subi ces frottements pendant un certain laps de temps avaient marché en avant; il est constant que la marche en arrière change toutes les conditions des frottements, surtout pour les glissières du bas, qui n'ont généralement presque pas d'usure, n'étant usées que dans les manœuvres de gare; aussi cette usure est très minime. Elle change entièrement toutes les dispositions primitives.

XIII.

DES BIELLES.

Les têtes des bielles ont un frottement très doux lorsqu'elles sont bien entretenues; le serrage à bloc est le plus convenable pour la conservation des coussinets et la sécurité relativement à la clef, afin qu'elles ne remontent pas, et que la poussière ne pénètre pas dans le collet de l'axe. Quand vous serrez une tête de bielle, il faut avoir soin de la faire mouvoir avec la main pour qu'elle ne le soit pas trop; car elle doit toujours être serrée de manière à laisser un peu de jeu pour ne pas donner un mauvais frottement. Les petites têtes de bielle, qui sont pour la plupart garnies de coussinets en acier, sont très difficiles à réparer et réclament une large part des soins; les boulons eux-mêmes, quand ils sont en acier ou fer trempé (en paquet), ont les mêmes inconvénients, s'ils ne sont pas soignés, soit par manque de graissage ou de serrage par un coin à queue d'aronde à rappel; par un écrou vous les exposez à un grippage qui vous donne une claquement qui pourrait devenir dangereux, en faisant casser le clavetage du piston extérieur ou intérieur; une fois ces frottements bien établis et bien soignés, ils sont presque inusables. Ceux qui sont à brides avec des coussinets en cuivre et clef à mentonnet, sont plus faciles à entretenir; ce sont habituellement les bielles à fourches auxquelles on applique ces derniers. Les petites bielles à fourche doivent être serrées également; sinon la clavette la plus serrée occasionne un frottement sur la glissière et fait naître un gauche. Toutes ces précautions doivent être apportées, quel que soit le système des machines.

RUPTURE DE BIELLE.

La rupture d'une bielle occasionne un démontage et oblige de disposer le piston et le tiroir comme dans l'article XII (rupture d'un collier); seulement une fois le tiroir désarticulé, vous pouvez laisser fonctionner vos excentriques et marcher avec un seul côté. Il existe cette différence, qu'une fois le tiroir désarticulé, et marchant avec un seul côté, vous pouvez marcher en arrière; tandis qu'avec un collier cassé d'un côté, marchant des deux côtés, vous ne pourriez aller en arrière, parce que le côté où il n'y a qu'un seul collier, s'oppose à la marche arrière. Voyez l'article XII qui prescrit de ne pas dépasser les prises d'eau ni de faire aucun mouvement de gare. La rupture d'un boulon de manivelle, tringle de piston ou de tiroir, oblige à se mettre dans les mêmes conditions, sans cependant courir le moindre danger; seulement quand vous êtes pour marcher avec un seul côté, mettez le bon côté en pleine course au moyen de la pince, pour faciliter le démarrage.

Si vous conduisez une machine accouplée et que vous cassiez une bielle extérieure, ayez le soin de serrer celle qui vous reste, mais très peu, par rapport au jeu qui peut exister dans les coussinets et boîtes à graisse, et qui sans cela pourrait la faire casser. Si vous veniez à perdre une clavette droite ou à talon de bielle d'accouplement et que vous n'en ayez pas de rechange, remplacez-la par un chasse-clavette ou par un morceau de fer ou de bois. Attachez bien solidement au moyen d'un fil de fer ou d'une corde.

Si c'est une tête de bielle à bride, qui dans un cas imprévu viendrait à s'ouvrir, si vous avez un serre-joint, vous pouvez la serrer en place par les deux bouts sans la démonter; si vous cherchiez à la serrer avec la masse, vous vous exposeriez à la casser, surtout à froid; vous pouvez la claveter par ce moyen là : mettez la clavette à talon, et dès le moment qu'elle a fait prise, elle tient la bride serrée et vous enclavetez comme il faut, si le système le permet.

XIV.

DES ROUES.

Le travail des roues est des plus importants, car les roues peuvent donner lieu à bien des accidents dans plusieurs cas. La rupture d'un boudin peut arriver aux roues motrices, aux roues d'avant ou d'arrière. Si la rupture d'un boudin vous survient aux roues d'avant et que vous soyez en route, assurez-vous si, en diminuant la vitesse, vous pourriez vous rendre au premier dépôt; si le cas est trop grave, vous restez jusqu'à l'arrivée d'une machine de secours en disposant votre machine de manière à pouvoir vous remettre en route. Si cela arrive aux roues motrices, et qu'elles soient au milieu, vous pouvez vous rendre à destination en prenant les mêmes dispositions de sûreté, en diminuant la vitesse. Il en est de même pour les roues d'arrière.

La rupture d'un bandage demande l'arrêt immédiat. Il faut s'entendre avec le conducteur pour que les signaux soient faits et pour avoir une machine de secours. N'importe pour quelle roue on opère le soulèvement de la machine au moyen des crics, en ayant soin de détendre les ressorts à fond pour en faciliter le relevage; si c'était une roue d'arrière, l'on pourrait aviser au moyen de faire porter une partie de la charge sur le tender. En pareils cas l'on recourt à tous les moyens possibles. Il existe tant de systèmes de machines, que les moyens que nous proposons, excellents avec les unes, ne peuvent être employés avec les autres. Si une rupture arrive à une roue motrice, il faut desserrer tous ses ressorts à bout de course; ensuite il faut desserrer les coins de rappel en grand des roues motrices, caler les roues d'avant et d'arrière, resserrer leurs ressorts à fond ainsi que le frein, caler les boîtes à graisse pour ne pas fatiguer leurs ressorts; il faut passer un cric sous l'essieu moteur et lever les roues motrices jusqu'à ce que les boîtes à graisse aient touché les longerons par en haut, de manière que ces roues soient élevées à peu près à cinq centitimètres, afin d'éviter de casser les rails, puis il faut les caler avec des cales en bois bien solidement sous l'entretoise des plaques de garde et l'on emmène la machine comme un wagon faisant partie du train jusqu'au premier dépôt. Je crois que c'est le plus simple moyen pour des roues motrices, si le système le permet.

Si un bandage est entièrement écrasé à l'avant, pour qu'il ne vienne pas détériorer la glissière ou les suspensions des ressorts, l'on peut continuer jusqu'au premier dépôt en prenant les précautions comme nous l'avons dit plus haut. Si au contraire l'élargissement s'est fait du côté du boudin, il faut se mettre en garde, pour que le boudin n'entre pas dans une pointe de croisement ou une branche d'aiguille, chose qui est arrivée. Pour le décalage, à moins que la roue ne soit sortie de manière à monter sur le rail, l'on peut se rendre à destination avec précaution.

Le chauffage des roues, qui occasionne souvent de grands retards, a des inconvénients très graves; l'on cherche toujours à refroidir avec de l'eau. Nous sommes persuadé que c'est la fusée de l'essieu qui doit éprouver la plus forte température, ensuite le coussinet, puis la boîte. Si la boîte est en fonte, vous vous exposez, en vous servant d'eau, à la faire casser; ensuite vous faites pincer le coussinet sur la fusée et vous aggravez ainsi le frottement. Si le temps permet de tout laisser entièrement refroidir, certes vous obtiendrez de bons résultats, mais l'expérience nous a démontré qu'un chauffage ne manquant pas de graissage, l'on obtient moins de détérioration, soit à la fusée, soit au coussinet.

SUSPENSION DES RESSORTS.

Les ressorts sont toujours placés au dessus des fusées autant que possible. Ils sont à la vue du mécanicien, et les ruptures des feuilles ou des suspensions sont très apparentes. En dessous il est moins facile d'apercevoir une rupture; un ressort peut couler dans sa bride, une suspension peut casser et occasionner un mauvais frottement ou quelquefois de graves désordres dans le mécanisme. Pour une rupture de ressorts, si vous avez un long trajet à faire, plutôt que de laisser aggraver les frottements il faut, au moyen d'une cale, soulager au moins des deux tiers de la charge la roue abandonnée de son ressort, en soulevant la machine avec des crics. Peu de mécaniciens prennent ces précautions, cependant c'est chose facile, lorsque votre machine a été pesée à la bascule duodecuple pour en répartir la charge; on sait ce que chaque roue doit porter de tonnes. Prenez une règle que vous présentez sur le champ afin qu'elle porte aux deux extrémités du ressort, vous prenez la flèche, et vous saurez par ce moyen la hauteur des cales que vous aurez à mettre quand l'accident arrivera. L'écartement des roues vous fait voir si votre machine est bien montée sur ses roues, sans gauche. Quelquefois vous avez une roue dont le boudin s'use plus d'un côté que de l'autre, ou dont le profil n'est pas le même; c'est-à-dire qu'une roue est plus conique que l'autre sur son bandage. Du moment qu'une roue est plus petite de diamètre que celle de l'autre côté, elle peut donner lieu à une marche vicieuse de la machine. La charge porte davantage du côté de la petite roue, et cette petite roue tend à faire plus de chemin que la grande, mais elle éprouve une résistance énergique de la part de celle-ci, qui est calée sur le même essieu. Nous avons vu aussi la plus petite user son boudin autant que la grande; elles n'avaient cependant aucun mauvais frottement ni l'une ni l'autre; on a visité l'écartement, tout était parfait. Pour vous assurer du bon état des roues, vous vous rendez compte du diamètre; lorsque vous avez fait cette opération, vous prenez l'écartement entre les deux roues et vous voyez s'il y a plus d'espace d'un côté que de l'autre, vous en faites l'épreuve sur tous les points afin de vous assurer s'il y a du gauche ou non dans le parallélisme des roues. Si vous aviez une roue plus ou moins serrée que les roues motrices, vous éprouveriez une résistance, le frottement des glissières s'en ressentirait désavantageusement. Si vous voyez une roue qui opère son travail au milieu du bandage, sans que le boudin touche aux rails, tandis que celle qui lui est opposée a du frottement sur le boudin, cela vient de ce que les boîtes à graisse ont un peu plus d'épaisseur d'un côté que de l'autre, ce qui ramène la roue sur un seul et même point malgré l'usure. Si cela se maintient, c'est que le coussinet n'est pas bien cintré sur la boîte; lorsque vous faites le levage de la machine, vous apercevez que le coussinet est ovale selon l'usure; le travail de l'axe de rotation fait son usure au centre du coussinet et plus tard vous sentez des coups sourds; c'est le jeu qui produit cela. Il faut bien se garder de trop serrer les coins de rappel, vous finiriez par coincer la boîte à graisse. L'on fait disparaître ce jeu en creusant le coussinet jusqu'à ce qu'il porte sur la fusée, sans trop serrer au centre; l'usure est plus grande dans le travail de l'essieu qu'elle ne l'est par son point d'appui. Les autres roues ont leur travail opposé, elles peuvent avoir du jeu également, mais elles n'éprouvent pas de secousses où il n'y a pas de levier, ce n'est uniquement que la poussée, et ce même jeu facilite le passage dans les courbes toutes les fois qu'il n'y a pas trop de lacet sur l'avant; c'est au mécanicien à en donner connaissance pour le faire disparaître soit en rapportant des épaisseurs aux joues des coussinets, soit en changeant ceux-ci s'ils sont assez usés.

RUPTURE D'ESSIEU.

Si la rupture d'un essieu a lieu, pour un essieu moteur il faut procéder au relevage, au dessus des rails, en détendant les ressorts; vous vous assurez si vous pouvez le faire sans rien démonter dans le mouvement et en calant vos ressorts avant et arrière, pour qu'à mesure que vous remontez les roues, la machine ne s'affaisse pas; sans cela ce serait du temps perdu. Lorsque vous êtes à hauteur, vous calez vos roues solidement, pour empêcher une descente en route; si c'est un essieu d'avant, vous disposez votre machine au levage, en attendant, pour changer l'essieu cassé, celui que l'on vous ramènera. Si au contraire, c'était un essieu d'arrière, vous pourriez en faire supporter une partie au tender, toutes les fois que les roues motrices se trouvent au milieu. Les systèmes de machines variant beaucoup, il faut un peu s'ingénier pour chaque machine. Il est toujours bon de chercher à répartir le poids de la machine pour ne pas donner plus de charge sur une partie que sur l'autre, et en considérant les ressorts, de les soulager autant que possible au moyen des cales. Si vous pouvez ne pas démonter le mouvement, c'est du temps gagné. Si au contraire vous y êtes obligé, il faut commencer par là, prévoir tous les moyens de prudence, ne pas vous exposer à laisser porter de trop fortes charges sur les crics et sur les vérins; ne jamais laisser charger les crics et les vérins, sans vous être assuré que la charge n'est pas trop forte sur ces derniers, et faire le commandement vous-même; si vous n'avez pas là de supérieur, toute la responsabilité est à votre charge. Il en est de même pour les déraillements des machines ou des wagons. Toutes les fois que vous êtes seul votre commandant est prépondérant. Dans toutes les circonstances, le chef du train est chargé d'assurer les signaux, de prendre les mesures de sûreté.

Rappelez-vous que la machine doit toujours être une des premières préservée de l'action du feu. Il faut voir s'il y a lieu de jeter le feu de la machine ou de le conserver : si la position ne permet pas de le jeter, on le fait éteindre au moyen du registre, et en le couvrant de terre; il est bon de faire appel aux équipes de pose les plus rapprochées. S'il y avait détérioration à la voie ou que le déraillement gênât le passage des trains sur l'autre voie, on devrait chercher à rétablir le passage des trains, s'il y avait lieu; quelquefois il ne suffirait que de ripper une voie, pour ne pas intercepter le service sur l'autre; l'on s'en assure avec soin. Ne négligez rien dans toutes les circonstances, qui très souvent sont funestes, faute de précaution. Tous les moyens de prudence doivent être pris. Avant de se mettre à l'œuvre, que les agrès soient disposés par le mécanicien lui-même qui en connaît l'usage; il doit s'assurer que l'application d'un cric ou d'un vérin n'est pas dangereuse, tant pour la sécurité des hommes que pour les pièces de la machine qui sont exposées à recevoir les agrès. Il ne faut jamais faire agir le fer sur du fer, pour s'exposer à un glissement; ajoutez toujours des cales en bois pour ne pas être surpris. Ces précautions sont d'autant plus utiles à indiquer, que l'on a eu à déplorer des négligences.

XV.

INSPECTION DES BOITES A FUMÉE ET DES BOITES A FEU.

Les boîtes à fumée sont, le plus souvent, soumises à des inspections très fréquentes, par suite du nettoyage des tubes qui se fait au moins deux fois par voyage. Pendant que ce travail se fait, l'on voit s'il y a des traces de fuite de vapeur ou d'eau; le travail est fait par le chauffeur, et le mécanicien doit inspecter lui-même; il fait manœuvrer la machine par le chauffeur, regardant avec attention la boîte à fumée pour reconnaître les fuites qu'il redoute aux joints de la culotte de prise à vapeur, ou au tuyau de prise à vapeur, au tuyau d'échappement, ou aux joints de la boîte à vapeur. Si les boîtes à vapeur ne se trouvent pas dans la boîte à fumée, l'on fait arrêter la machine, mettre le levier au point mort, le frein serré; l'on fait ouvrir le régulateur pour que les boîtes se remplissent et vous voyez s'il y a des fuites, car la fuite peut prendre issue dans la boîte à fumée.

INSPECTION DES BOITES A FEU.

Les boîtes à feu ne peuvent être, comme les boîtes à fumée, inspectées à chaque voyage; nous avons le regret de dire que des mécaniciens ont usé des machines, à les mettre en grandes réparations, sans avoir eu la pensée d'entrer une seule fois dans les boîtes à feu pour les inspecter; les boîtes à feu peuvent être des foyers d'explosions, et il est de la plus grande importance de les prévenir. Les ingénieurs des mines, par le contrôle qu'ils exercent au nom du gouvernement, les ingénieurs des compagnies et les constructeurs ont tout intérêt à prévenir ces catastrophes. Il est rare que l'on ait vu en France des explosions de machines locomotives. Il n'en est malheureusement pas de même en Angleterre ni en Amérique. Les explosions n'ont lieu que par le manque d'eau au moment du démarrage ou en stationnant. Si, au moment du démarrage, vous augmentez un manque d'eau déjà trop considérable et si le soulèvement d'eau couvre la boîte à feu, il en résulte une trop grande quantité de vapeur qui ne peut alors se dégager et l'explosion a lieu. C'est pour cela qu'il faut toujours avoir assez d'eau pour éviter ces catastrophes. En route les explosions sont moins à craindre , parce qu'il y a écoulement continuel de vapeur, à moins qu'une fuite ne se déclare; mais alors l'on court peu de danger. On a vu quelques machines faire explosion, mais il est difficile de dire dans quel état était la machine, si elle était dans un état d'eau convenable. Ce qui prouverait le contraire c'est que les machines qui ont fait explosion jusqu'à présent étaient dans de très bonnes dispositions comme solidité, car les ingénieurs des compagnies n'ont rien négligé à cet égard. Nous recommandons aux jeunes mécaniciens, de ne pas chercher à dépasser la graduation marquée sur les balances, en cherchant à les caler, mais de marcher à la pression réglementaire que le manomètre indique toujours exactement. Les boîtes à feu doivent recevoir des visites très fréquentes; il faut consulter les entretoises avec un petit marteau, vous sentez au coup de marteau si l'entretoise est bonne ou mauvaise; si vous avez quelque partie engorgée ou privée d'eau, elle se fait reconnaître par un coup sourd, que l'oreille entend. Vous examinez alternativement le ciel du foyer; il faut qu'aucun des boulons qui tiennent les fermes ne soit cassé; s'il y en avait un, il y aurait des traces d'eau; si toutefois vous en trouviez qui se seraient affaissés, vous devriez en faire part; une fois qu'il y a affaissement, il continue graduellement jusqu'à ce qu'il cède à l'action de la pression. Jusqu'ici nous n'avons pas eu cela à déplorer. Nous avons eu quelques machines dont les entretoises ont cédé au foyer; il en est résulté des bossages sans accidents; si ces machines avaient été visitées sérieusement on aurait évité ces détériorations de plaques; ces plaques ont cédé faute de têtes d'entretoises; de grandes parties planes ont cédé sous l'action de la pression de la vapeur, n'ayant aucune résistance à opposer à cette pression des boîtes à feu.

DES GRILLES.

Les grilles sont des barreaux en fer spécial, avec un petit plat à chaque bout faisant tête, pour donner un intervalle égal autant que possible entre tous les barreaux. Il arrive quelquefois que les barreaux se trouvant trop écartés, finissent par devenir obliques au foyer et tombent; cela fait éprouver une perte de feu; ces cas arrivent quand les barreaux sont usés, ou quand on ne met pas en place la quantité de barreaux voulue ; on les place de manière à pouvoir passer le pique-feu facilement pour donner passage à l'air pour la combustion.

XVI.

ENTRETIEN DES BOITES A GRAISSE.

Les boîtes à graisse sont des réservoirs de corps gras pour l'annulation ou la diminution des frottements; l'on se sert de trois sortes de corps gras pour le graissage : l'huile, le suif et la graisse de wagon qui est composée de corps gras tels que huile de palme, huile de colza; elle est jaune ou blanche; on l'emploie habituellement au graissage des wagons et même pour les tenders; beaucoup de mécaniciens s'en servent pour les machines, lorsque l'on se trouve au dépourvu en route, comme cela arrive quelquefois; mais le graissage à l'huile est préférable sous tous les rapports, plus doux et plus conservateur des métaux; l'huile est le meilleur graissage pour les boîtes à graisse; elle alimente non-seulement la fusée de l'essieu, mais encore les glissières des boîtes, qui sont sujettes à gripper. Si vous faites le graissage au suif, vous êtes obligé d'alimenter la glissière à l'huile et souvent des amas de poussière empêchent l'huile de pénétrer, et vous encourez de mauvais frottements. Si, en graissant à l'huile, vous en faites une grande consommation, vous la rattraperez par l'économie du coke qui sera notable, et votre machine ne laissera rien à désirer comme service. C'est lorsque l'on démonte les machines que l'on reconnaît les soins qui leur ont été apportés; l'œil est flatté de voir que rien n'a été négligé. Quelquefois vous démontez une machine; il faut employer de grands efforts pour sortir les graisses et le suif, qui ont fait corps avec la poussière; pour mettre les lumières de graissage à jour, il faut avoir recours aux poinçons chassés avec un marteau; avec le graissage à l'huile vous évitez ces désagréments, que nous considérons comme une négligence de la part d'un mécanicien ; nous voudrions voir employer les moyens d'alimentation de graissage, comme dans la marine. Au lieu de fil de laiton ou de fer, l'on se sert pour les mèches du fil en plomb ; voici pourquoi : Si une mèche est attirée par le frottement, le plomb fond ou s'écrase et ne laisse pas de traces comme le fil de fer et celui de cuivre ; les mèches ne sont pas imprégnées de vert de gris comme avec le fil de laiton ; de plus l'entraînement d'une mèche avec son fil de fer occasionne de mauvais frottements ; nous avons vu ceci arriver à différentes machines locomotives. La différence du graissage à l'huile avec le suif se comprend facilement ; l'huile alimente instantanément au moyen du siphon ; au lieu qu'avec le suif il faut que la boîte ait une certaine température pour faire fondre le suif qui doit alimenter par le siphon ; dans ce cas mettez une certaine quantité de suif coupé en morceaux en cas de chauffage, l'huile par dessus, vous obtiendrez un bon résultat. L'emploi du fil de plomb est préférable dans tous les godets à l'huile comme graissage. Si, en route, vos boîtes à graisse s'échauffent par trop, tâchez d'arriver à la première station; versez de l'eau dessus et lavez-les bien; quand elles seront entièrement froides, débouchez les lumières avec une épinglette, mettez de l'huile et du suif; s'il y a des porte-mèches, mettez des demi-mèches; si les lumières sont bouchées, c'est que la fumée est grippée et le coussinet aussi; vous ne pouvez aller loin. J'attribue le chauffage qui pince parfois les coussinets à ce qu'ils sont mal ajustés sur la portée ou sur les congés; parfois cela provient des ressorts perdant leurs flèches actuelles ou des coins de rappel trop resserrés, s'il y en a, car un ressort qui ne fonctionne pas se coince entre les boîtes à graisse, les glissières, les coins de rappel ou les plaques de garde, ce qui donne du devers à la machine, de manière qu'elle ne se trouve plus de niveau. Cependant aujourd'hui les machines sont pesées sur les bascules dont chaque administration est munie, soit pour l'adhérence d'été ou d'hiver, ou pour que chaque roue porte une charge calculée par les ingénieurs; les roues d'arrière ne sont jamais chargées comme les roues d'avant.

Les tampons de lavage méritent l'attention à la boîte à feu et à la boîte à fumée; ils ont des pas feltés qu'il faut mettre en place avec précaution, vu qu'ils ont le pas très fin, d'après l'épaisseur des tôles surtout, quand on n'a pas ajouté de rappliques pour assurer une épaisseur plus convenable, pour faire un pas plus fort ; ne serait-ce que des tampons autoclaves, ils demandent la même précaution. S'ils venaient à se maculer, la chaudière se viderait instantanément.

XVII.

DES ROBINETS PURGEURS.

Les robinets purgeurs sont disposés de manière à faire écouler l'eau des cylindres. Les boîtes à vapeur reçoivent les premiers l'eau, ensuite les cylindres qui viennent faire écoulement par les robinets : l'eau arrive dans les boîtes à vapeur, pendant que la machine est en stationnement, par la condensation de la vapeur; la mise en marche la fait disparaître en l'entraînant; l'eau a un inconvénient très grave; quand elle passe dans les parties où la vapeur exerce son travail, les frottements sont plus rigides; aussi l'on évite autant que possible, de faire passer l'eau dans les cylindres. Lorsque cela arrive, on fait usage du purgeur; l'on évite ainsi soit la rupture des joints, soit la détérioration des pistons; tout le mouvement de la machine se ressent des trop grandes quantités d'eau, qui entraîneraient rapidement la rupture d'un cylindre, s'il s'en trouvait une certaine quantité dans l'intérieur. Les purgeurs ont leur inconvénient et leurs avantages; ils graissent les rails et font glisser les roues lorsque le cylindre vient d'être graissé, ce qui est une perte de temps; il ne faut pas en abuser car ils peuvent occasionner des soulèvements de poussière, ce qui détériore le mouvement des machines et gêne les voyageurs.

ENTRAINEMENT D'EAU DANS LES CYLINDRES.

Nous avons des machines qui ont un entraînement d'eau dans les cylindres, c'est-à-dire d'une vapeur aqueuse; l'on peut attribuer cela quelquefois à la construction des chaudières, surtout de celles sans dôme. L'on est obligé dans ces cas de diminuer la quantité d'eau pour augmenter le réservoir de vapeur. L'entraînement augmente la dépense de combustible et restreint le travail des pistons. Quelquefois cela tient à un joint du tuyau de prise de vapeur; pour s'en rendre compte, l'on emplit la chaudière d'eau jusqu'à la hauteur du joint et on voit si l'eau arrive aux boîtes à vapeur; si cela n'existe pas, c'est la disposition de la chaudière qui en est cause.

Les chaudières à grand dôme sur la boîte à feu, sont celles qui ont ces défauts; il est très difficile de les éviter.

Les corps gras contribuent pour beaucoup à ces entraînements d'eau, qui ne sont pas toujours de longue durée, mais qui sont souvent gênants. Toutes les fois qu'ils existent, il faut que le mécanicien prenne à tâche de les éviter autant que possible, c'est-à-dire qu'il imagine quelque moyen, pour tirer le meilleur parti de sa machine; en pareil cas, malgré toute l'intelligence que l'on peut déployer, l'on est quelquefois très gêné.

MANQUE D'EAU DANS LA CHAUDIÈRE.

Si vous vous voyez obligé de tirer le feu, par suite du manque d'eau, faites-le immédiatement. Si vous êtes obligé de jeter le feu, sans pouvoir vous rendre à une station, vous êtes toujours forcé de vous faire remorquer; il est donc inutile d'attendre la dernière extrémité. Si par un cas imprévu votre chaudière venait à se vider, n'hésitez pas à couvrir votre feu et fermez le registre. Ne cherchez pas même à donner un coup de piston. Quand même votre plomb serait fondu, vous n'êtes pas en danger de brûler votre machine; il est vrai que le foyer

2*

sera décapé; mais ni le foyer ni les tubes ne seront brûlés, tandis qu'en jetant le feu, vous accélérez l'action du feu et vous courez risque de brûler vos tubes. Vous avez toujours soin dans ces circonstances d'abaisser la pression de manière qu'elle soit très basse. Si la chaudière se vide d'eau, elle se vide en même temps de vapeur. L'on fait l'épuisement de la vapeur lorsqu'il n'y a pas de perte, mais que l'on manque d'alimentation pour la chaudière. Tous ces faits sont incontestables; les accidents qui se sont présentés, ont été combattus par ces moyens, sans que l'on ait encouru le moindre danger. Pour vous rendre compte de l'action des métaux soumis à l'action du feu, prenez du cuivre rouge ou jaune ; faites en rougir un morceau; si vous lui donnez le moindre choc, vous le verrez tomber aussitôt en petits fragments; laissez-le refroidir, il sera décapé comme nous vous l'avons dit, sans être brûlé. Il dépend donc de vous seul , dans des circonstances semblables, que la machine soit préservée ou qu'elle courre de grands dangers. Un manque d'eau peut arriver par suite de plusieurs circonstances différentes : par la rupture d'un joint, ou des tampons de lavage, par la rupture d'un tube bouilleur ou par une fissure. Il y a toujours quelque moyen de parer à ces accidents. Si c'est un tube qui crève, tamponnez-le; un tampon de lavage qui parte, remplacez-le n'importe comment avec ce que vous aurez sous la main. L'intelligence du mécanicien lui montre ce qu'il peut faire pour remédier provisoirement aux avaries qui lui arrivent.

Si vous vous trouvez sur une voie de garage, par suite d'un coulage de plomb ou avec tube crevé, si vous avez du plomb ou de l'étain, vous pourrez le faire fondre sur une pelle et le placer en démontant l'écrou, si la température du foyer le permet, et le mater dans sa frésure des deux côtés; s'il s'agit d'un tube crevé, il faut bien tamponner devant et derrière. Si vous n'avez pas d'eau dans votre chaudière et si vous en avez dans votre tender, vous pouvez remplir votre chaudière, en démontant un clapet de soupape pour donner de l'air, et en démontant un plongeur de pompe extérieure, si le système le permet; pour cela vous prenez la pince, vous l'adaptez par le bout du plongeur, de manière à faire levier en l'attachant, et vous pouvez pomper, vous et votre chauffeur. Après avoir rempli votre chaudière, allumez votre machine et continuez votre chemin, si vous n'avez pas d'autres secours.

RUPTURE D'UN TUBE.

Si un tube vient à crever, il faut avoir soin d'ouvrir les deux pompes de suite, serrer l'échappement à fond, embrayer votre levier de changement de marche en grand au dernier cran, et tenir le régulateur entièrement ouvert. Vous découvrirez ainsi facilement le tube crevé, de manière à pouvoir le tamponner; s'il n'y a pas lieu, laissez baisser la pression; s'il n'y a pas moyen de boucher, tirez le feu; si vous ne pouvez tirer le feu, capuchonnez hermétiquement.

XVIII.

OBSERVATIONS.

Il faut avoir soin de graisser le tiroir de prise de vapeur intérieur, de temps à autre. S'il n'y a pas de robinets graisseurs, l'on démonte un clapet de soupape pour le graisser. Lorsqu'il devient dur, on l'ouvre avec difficulté. Dans un cas imprévu, s'il est graissé on le manœuvre plus facilement.

DES COINS DE RAPPEL.

Il faut avoir soin de serrer les coins de rappel de temps à autre, mais pas trop; il faut que les ressorts aient leurs flèches actuelles; trop de jeu peut occasionner la rupture des boîtes à graisse, surtout de celles de l'essieu moteur.

OBSERVATION SUR LES MACHINES A TENDER ARTICULÉ.

Il est indispensable de bien graisser les accessoires de l'articulation, car ils demandent beaucoup de soins; de tenir serrés les boulons des balustrades proportionnellement au poids et à la hauteur qui peuvent souvent les faire desserrer. Il faut avoir soin de ne pas trop serrer les boulons des petites têtes de bielle des têtes des pistons; ces boulons demandent beaucoup de soin comme graissage. Si parfois ils ont trop de jeu, serrez-les seulement d'un cinquième; étant bien entretenus, ils ne doivent pas s'user, d'autant plus que les boulons et les coussinets sont en acier trempé.

XIX.

DU DÉRAILLEMENT D'UNE MACHINE ET D'UN TENDER.

Si la machine, le tender ou un wagon du train déraille, fermez le régulateur, sifflez vivement aux freins, serrez celui du tender, donnez contre-vapeur, entendez-vous avec le chef de train pour que les signaux d'arrière soient faits et pour demander du secours. Cherchez à vous rendre compte de l'accident, voyez s'il reste de l'eau dans votre chaudière, s'il faut jeter ou couvrir le feu. Si la machine marchait isolément, après avoir pris toutes ces mesures, vous vous occupez du relèvement de la machine, avec les crics vérins. Suivez bien vos idées sur la marche la plus convenable; le moyen le plus sûr est le plus expéditif. Chaque déraillement arrive dans des circonstances différentes; certaines mesures sont toujours indispensables. Il faut d'abord séparer le tender de la machine, démonter les pièces qui gênent la manœuvre, telles que chasse-pierres, rotules, etc., et caler les boîtes à graisse solidement avec les chassis indépendants des ressorts; des plats bords doivent être placés sur le terrain le plus dur ou sur une traverse, s'il est possible, rangés avec grand soin de manière à ce qu'ils ne gênent pas pour poser les crics, les pièces de bois destinées à soutenir la machine; quand les crics sont rendus à bout de course on les retire avant de lever; il faut caler les roues solidement à l'extrémité pour les empêcher de s'enfoncer dans le sol, faire placer des pièces de bois sous les roues à mesure qu'elles s'élèvent, commander les manœuvres avec beaucoup de clarté à moins qu'un supérieur ne soit présent. Lorsque les boudins sont arrivés au dessus des rails et que la machine n'en est pas trop éloignée, on peut quelquefois la ramener directement par le chariot du vérin ou d'un cric obliqué avec précaution; si elle est assez loin, il vaut mieux placer un rail à plat sous chaque paire de roues. Si l'axe de la machine est oblique à la voie, il faut chercher à la ramener, autant que possible, à la position parallèle avant de placer les rails en travers, soit qu'il s'agisse du tender ou de la machine.

SUITE DU DÉRAILLEMENT.

Un mécanicien doit au départ démarrer très doucement, à cause des attelages. Il vaut mieux ouvrir le régulateur plusieurs fois que de l'ouvrir trop en grand, par rapport aux chocs;

que ce soit un train de voyageurs ou de marchandises, il faut regarder en arrière pour s'assurer que le dernier wagon suit les autres et en route se retourner de temps à autre, surtout afin de voir si les attelages s'étant rompus, on ne perdrait pas une partie du train.

Si parfois un wagon déraille, faites serrer les freins et arrêtez le plus promptement possible. Après l'arrêt il faut s'entendre avec le chef du train, pour que les signaux soient bien faits pour les mesures de secours; s'assurer de l'eau dans la chaudière, couvrir le feu s'il y a lieu, si l'eau manque tirer le feu. Le relevage d'un wagon se fait de la même manière que le relevage d'une machine. Si un essieu est faussé ou brisé, et ne tient plus dans les plaques de garde, on peut faire rouler le wagon chargé, et placer l'extrémité avariée sur un autre wagon portant son chargement; on réunit solidement les tampons et les traverses des deux wagons. Si les deux essieux ne peuvent plus servir, il faut charger le châssis avec les caisses sur un wagon plat ou le mettre de côté, de manière à débarrasser la voie le plus promptement possible.

Lorsqu'un mécanicien est obligé de tirer son feu en marche, il faut qu'il ait soin d'aller doucement, de façon que son feu ne fasse pas un tas qui pourrait incendier le train.

XX.

CONDITIONS DES MACHINES.

Les machines sortant des ateliers des mêmes constructeurs, construites d'après le même système, la même étude, ne se ressemblent pas toujours, sous le rapport du service que l'on peut en tirer. Il faut observer que dans les ateliers de construction, il y a des ouvriers plus ou moins capables; de même les machines sont plus ou moins bien soignées dans leur construction, bien qu'elles soient surveillées par des agents des compagnies, contradictoirement avec le chef d'atelier et le chef monteur. Plus tard le mécanicien préposé à la conduite d'une machine, découvre des défauts qui portent préjudice à la marche.

DÉFAUTS DES MACHINES.

Les machines sont donc plus ou moins avantageuses; il en est dont la production en vapeur est plus abondante, qui ont les frottements plus doux, plus de force et de vitesse et qui consomment par kilomètre un ou même deux kilogrammes de moins que les autres. L'on peut supposer que cela résulte du soin et de la capacité du mécanicien, ce qui est en effet possible. Par suite il arrive que l'on change des mécaniciens de machines : si ces changements n'amènent pas de résultat, c'est que les machines sont réellement vicieuses. Si les résultats deviennent meilleurs, c'est que le mécanicien précédent était moins capable. Autant de mécaniciens autant de genres particuliers de conduite; souvent même en faisant les mêmes voyages, on change de manière de conduire. Cela peut dépendre de la charge et de l'état de l'atmosphère.

Nous allons passer en revue tous les défauts qui peuvent être découverts dans une machine comparée avec une autre que l'on aurait jugée convenable. La capacité des cylindres est la même, l'angle de calage est le même, les poulies d'excentrique sont les mêmes, les tiroirs sont les mêmes ainsi que la course; même avance et même recouvrement. Si nous n'avons pas examiné si les manivelles sont parfaitement d'équerre, il faut s'en assurer sans oublier les barres d'excentriques. Tout doit être parfait à la distribution. On vérifie ensuite la boîte à fumée; on voit si l'échappement n'est pas trop bas, s'il n'est pas incliné d'un côté ou de l'autre; il suffit de bien peu de chose pour que la disposition de la boîte à fumée ne soit pas convenable, par exemple, que les manetons ne soient pas en rapport avec la cheminée ou l'arbre de relevage.

Nous allons passer en revue tout ce qui peut gêner la production de la vapeur, en disant ce que nous avons vu pendant notre longue carrière. Nous avons noté avec soin toutes les améliorations que nous avons successivement remarquées. Prenons une machine, qui remplisse d'ailleurs toutes les conditions désirables. Des roues motrices sont remplacées par des roues neuves d'un diamètre un peu plus fort. Vous nous dites que les calages sont les mêmes, faits sur les mêmes gabares, et que les poulies sont aussi les mêmes; nous allons vous prouver le contraire. Vous changez les roues motrices, en mettant le collier en place, vous êtes obligé de le diminuer pour l'ajuster sur sa poulie; précédemment vous rapportiez des épaisseurs pour pouvoir arriver au diamètre; lorsque vous avez mis vos colliers en place, vous trouvez du gauche dans les barres d'excentrique, il faut dégauchir, cela arrive journellement. Vous mettez la machine en service; au premier voyage le mécanicien s'aperçoit que la machine a besoin d'être réglée. En effet si vous découvrez les tiroirs, vous y trouverez un vice de réglementation; vous les mettrez dans de meilleures conditions, mais la machine n'est plus comme dans son état primitif. Il faut absolument corriger le mode de calage, tourner les poulies d'un diamètre parfait et que les manivelles soient dégauchies et les poulies alésées bien droites; ce sont quelquefois les poulies qui donnent du gauche aux barres d'excentrique.

Le travail moteur, proprement dit, depuis le grand axe de rotation jusqu'aux tiges de tiroir, demande spécialement l'attention du mécanicien. Si, en route, il s'aperçoit d'un déréglement instantané dans cette partie du mécanisme, à la première station, il passe sous la machine et il examine toutes les pièces; il voit s'il n'y a pas de rupture ou de desserrage, si quelque pièce n'est pas forcée, si les poulies ne sont pas décalées, si les colliers d'excentrique ne sont pas desserrés, si les écrous de rappel aux tiges de tiroir n'ont pas bougé. Il faut que ces écrous soient dans leurs points respectifs. Le secteur pourrait être rompu ou ouvert, ou une barre d'excentrique forcée, ce qui déréglerait la machine; une porte ouverte aux pistons donnerait un passage continuel à la vapeur. Si les écrous de rappel sont brisés, il faut mettre le tiroir en place, si toutefois vous avez conservé le repère, comme nous l'avons dit pour la flèche des ressorts (article 14); si en découvrant les boîtes à vapeur, vous trouvez les tiroirs intacts ainsi que la table du cylindre, il peut y avoir rupture de quelque fragment de fonte. Vous vous reportez alors sous le maneton de l'arbre de relevage; vous trouverez soit dans une partie, soit dans une autre, ce qui a occasionné le déréglement de votre machine. Une barre d'excentrique ployée donne un raccourcissement qui produit un certain retard dans la marche du tiroir, comme on l'a vu à l'article 12.

Si une pièce vient à se rompre en route et si vous ne pouvez pas y porter remède de manière à atteindre le dépôt, démontez les bielles, mettez-les sur la machine ou sur le tender, désarticulez le tiroir et poussez-le à fond de course, pour ne pas gêner les excentriques; tirez le feu ou couvrez-le de manière que si une machine de secours vient vous chercher, vous soyez prêts. On emmène la machine comme un wagon, on démonte les bielles parce qu'un piston en marchant à froid, se détériore dans un long trajet.

Quand vous faites faire des changements à votre machine, vous voyez se produire des différences notables dans la marche. Quelquefois ces changements sont tout à l'avantage de la machine; mais ils peuvent aussi avoir le résultat contraire. Cela dépend du plus ou du moins de soin qui a été apporté aux travaux. En suivant attentivemement notre livre, vous arriverez à connaître une foule de renseignements indispensables ou du moins très utiles.

XXI.

MANIÈRE DE RÉGLER LA DISTRIBUTION D'UNE MACHINE LOCOMOTIVE.

§ I.

Pour régler une machine, il faut mettre d'abord les manivelles, l'une horizontale, l'autre verticale, en s'assurant que le lévier est à fond de course pour la marche en avant; lorsque vous avez mis le piston à fond de course entièrement, vous voyez combien vous avez d'ouverture aux bouts du tiroir, en faisant faire un demi tour de roue; vous vérifiez le côté opposé, c'est-à-dire que si vous avez commencé par le côté gauche, vous passez au côté droit. Si les deux ouvertures ne sont pas égales, il faut avoir recours aux écrous de rappel, pour pousser le tiroir en avant ou pour le retirer en arrière; il ne faut pas oublier de partager la différence observée, si toutefois il n'y a pas trop de jeu entre le châssis et la tringle du tiroir. Observez le temps perdu de part et d'autre. Surtout ayez soin de mettre un peu plus d'avance sur la marche en avant mais avec beaucoup de précaution. Quant à la marche en arrière, on ne peut y remédier qu'en se rejetant sur la longueur des barres d'excentrique, en y mettant une cale d'une épaisseur égale à ce qui manque pour rallonger le tiroir. Cette cale se place entre le collier et la barre d'excentrique.

§ II.

Lorsque vous avez une machine dont la distribution est mal réglée, si vous voulez vous en rendre compte, qu'elle soit sans bielle ou en réparation, vous la dirigez sur une voie très droite, en ayant soin que tout ce qui dépend de la distribution soit dans un état parfait; vous mettez le levier sur la marche en avant, vous faites tourner la roue au moyen des pinces, jusqu'à ce que vous soyez au point d'inertie ; vous prenez une règle et un niveau à bulle d'air que vous placez sur la manivelle pour vous assurer de l'horizontalité; vous voyez en même temps si la poulie d'excentrique est dans les conditions voulues; vous vous assurez de la position du tiroir en vous servant d'un fil à plomb. Avec un compas à pointe vous voyez la différence qui existe depuis cette ligne jusqu'à la ligne droite du fond de la poulie ; vous la consignez et vous voyez l'ouverture que vous avez à votre tiroir comme avance; vous vérifiez par la même occasion le côté où elle doit se trouver dans une position verticale; vous faites l'épreuve si la verticale est bien perpendiculaire à l'horizontale: s'il y avait erreur, les manivelles seraient difformes, c'est-à-dire hors d'équerre. Vous faites l'épreuve de la poulie, et ensuite vous voyez combien le tiroir vous donne d'ouverture; il doit être dans sa pleine course; vous faites faire un quart de tour jusqu'à ce que la manivelle soit à son point d'inertie; vous voyez à ce point combien le tiroir vous donne d'avance; vous passez au premier cran du secteur ou quart de cercle; vous faites la même opération jusqu'à ce que vous ayez achevé la révolution, c'est-à-dire vérifié les quatre extrémités des tiroirs. Vous avez ainsi vu les quatre points d'inertie, les quatre ouvertures des pleines courses, et la différence de la manivelle horizontale et de la manivelle verticale. Vous savez de plus si les poulies ont la même donnée. Si vous avez une différence aux tiroirs, vous la corrigez au moyen des écrous de rappel ; mais ne le faites pas légèrement ; il faut être certain du résultat. Il faut également que vous soyez bien sûr du recouvrement intérieur. Si pour rendre vos tiroirs justes d'ouverture à chaque bout, vous deviez déranger l'intérieur, laissez-le quand même vous auriez deux ou trois millimètres d'ouverture à l'avant de plus; croyez bien que si une machine n'est pas réglée, cela ne dépend pas de l'introduction de la vapeur, mais bien de l'échappement, soit que la vapeur s'échappe avant d'avoir achevé son travail, soit qu'elle soit trop retenue ; s'il n'y a pas assez de recouvrement, la vapeur s'échappe trop vîte; s'il y en a trop, il y a retard et résistance, et alors la machine est en souffrance. Il y a bien longtemps que ces vices existent, et ils ne sont pas près de disparaître, parce que l'on ne veut pas se donner la peine de prendre les précautions nécessaires. Nous en avons fait l'expérience plus d'une fois et, grâce à des soins minutieux, nous sommes arrivé à des résultats qui ont dépassé nos espérances sur tous les points : nous avons mis des machines défectueuses en de très bonnes conditions. Lorsqu'il y a de trop grandes différences dans les manivelles et dans les calages, il est impossible de remettre la machine en bon état sans toucher à l'une ou à l'autre de ces parties. Une machine doit toujours donner les mêmes résultats ; cela dépend des soins apportés par les mécaniciens. Nous avons vu des mécaniciens conduisant n'importe quel système de machines, qui ont toujours fait des progrès par suite de leur intelligence, de leur amour-propre, de leur bon vouloir.

Nous remarquons que dans les compagnies les moyennes des consommations varient, non pas suivant les saisons, les différences sont insignifiantes, mais suivant l'intelligence et la capacité de mécaniciens qui cependant sont classés au même rang. Nous recommandons aux jeunes mécaniciens de bien se pénétrer de la manière de régler la distribution d'une machine ; avec nos conseils ils seront sûrs de ne pas contracter de mauvais principes, jusqu'à ce que l'on puisse trouver quelque chose de plus parfait. Il est bon de se rendre compte de toutes ces notions qui sont indispensables. Quand un joint perd de l'eau ou de la vapeur, vous vous en apercevez de suite ; il est aussi facile d'apprendre à connaître les autres parties constitutives d'une machine, mais pour cela il faut étudier, et ces études sont nécessaires.

Nous avons indiqué les mesures à l'aide desquelles on peut éviter les avaries de route. En lisant attentivement notre ouvrage, vous devez connaître tous les détails d'une machine et savoir les noms de ses différentes pièces.

XXII.

CONDUITE.

La conduite des machines locomotives demande beaucoup de prudence et de sang-froid; elle exige également une grande activité. La moindre négligence peut entraîner des retards ou des avaries; si vous voulez éviter des reproches, ne remettez jamais à un autre moment ce que vous pouvez faire à l'instant même.

Vous devez veiller, vous ou votre chauffeur, à tous les approvisionnements, tant en combustibles qu'en corps gras. Il faut arriver à votre machine à temps pour pouvoir l'inspecter vous-même tout entière. Si vous désirez que l'eau du tender soit chaude, eu égard à l'état de vos pompes, pour la marche que vous allez faire, il faut conduire l'alimentation de votre feu jusqu'au moment de votre départ. Si, en route, vous faites vous-même le graissage, vous êtes sûr qu'il ne laisse rien à désirer, et, tout en graissant, vous passez une seconde inspection de votre machine. Si quelque chose vous semble douteux, vous y apportez toute votre attention et vous vous munissez des agrès dont vous pourriez avoir besoin dans les éventualités que vous prévoyez. Avant votre départ, vous vous assurez du nombre des voitures, vous voyez si votre train est chargé selon la force de votre machine. Cet aperçu et l'état de l'atmosphère vous guident dans la conduite de l'alimentation de votre feu.

L'alimentation doit être constante autant que possible, et l'eau ne jamais descendre au-dessous du générateur, autrement vous reviendriez difficilement à une hauteur convenable ; vous seriez obligé d'avoir recours à la pompe, et bientôt vous verriez descendre la pression de la vapeur ; il en résulterait un ralentissement dans votre marche. Vous seriez encore obligé de diminuer l'orifice de l'échappement, ce qui donne une résistance au piston ; vous avez déjà assez de faux frottements à combattre, sans compter les courbes et les rampes. Il ne faut pas cependant marcher avec trop d'eau, afin d'avoir dans le réservoir de la vapeur sèche, pour faciliter le travail des pistons.

Lorsque vous arrivez au bas d'une rampe assez rapide, attaquez-la avec de la vitesse, afin de donner de l'impulsion au train, pour éviter de perdre du temps; vous pourriez courir le danger d'une insuffisance d'adhérence, en ne l'attaquant qu'à petite vitesse; si vous perdez l'impulsion de votre train, vous vous en ressentez jusqu'au sommet de la rampe; dans de pareilles circonstances, les trains de vitesse doivent avoir une marche uniforme. Aux courbes, il faut que la machine soit parfaitement stable sur la voie; si vous reconnaissiez un peu trop de lacet, fermez le régulateur, afin que la machine reprenne sa stabilité pour rentrer dans la courbe, surtout lorsque le grand rayon se trouve du côté de la banquette de la voie. Il pourrait se trouver un affaissement quoique le relevage du rail prenne ou du moins doive prendre à cent mètres au moins en ligne droite, avant la courbe. Toutes les voies devraient être dans ces conditions ; cette banquette, même sur les lignes droites, doit avoir plus de hauteur sur ce rayon, parce qu'elle est sujette à fléchir. Après des pluies abondantes, le mécanicien doit toujours se tenir sur ses gardes et craindre les éboulements dans les déblais et les affaissements sur les remblais. Il est bon que les mécaniciens aient quelques notions sur les effets des pentes de terrain, afin d'en connaître les dangers. La machine vous fait connaître le relevage du rayon puisqu'elle prend le devers elle-même. Les trains de vitesse sont les plus faciles à conduire pour un mécanicien qui en à l'habitude.

Pendant la marche, vous examinez l'état de l'eau dans le générateur, au point de vue de la propreté et du déplacement. Si, au moment de l'ouverture du régulateur, l'eau augmente, il faut ouvrir le régulateur insensiblement, comme si vous détendiez; cette précaution est d'autant meilleure, que vous n'exposez pas les attelages de traction au danger d'être rompus;

plus l'ouverture de l'orifice est grande, plus vous avez de déplacement d'eau; si vous marchiez à plein cylindre, vous auriez une différence d'un demi-centimètre au niveau d'eau, à l'indicateur, par suite du soulèvement produit par la vapeur. Lorsque vous fermez le régulateur, vous en avez la preuve. Ainsi, ce déplacement d'eau se fait sentir au fond de la boîte à feu : pendant que le soulèvement a lieu, un vide se fait dans le bas et est remplacé par de la vapeur mouillée; la grande quantité de feu enlève la masse d'eau, et dans ce cas vous pourriez faire monter l'eau à une prise de vapeur, quand même elle serait à la hauteur de la cheminée. Aussi, comme nous l'avons déjà dit, l'ouverture du régulateur doit se faire graduellement et avec précaution, pour ne pas s'exposer à noyer les cylindres d'eau, car il en résulterait un ralentissement dans la marche; il faudrait ensuite chercher à rattraper ce temps pour faire croire à la régularité de votre service, et pour cela forcer la consommation du combustible. Il est bon de ne pas laisser perdre l'excédant de vapeur par le trop-plein, c'est une dépense inutile, et de plus un entraînement. Suivez toutes ces observations, et vous verrez que votre instruction fera des progrès.

Lorsque vous doutez de l'exactitude de votre tube indicateur à niveau, vous faites l'épreuve aux robinets d'épreuve ; il faut la faire le plus doucement possible pour bien vous assurer si c'est de l'eau ou de la vapeur qui arrive ; si vous ouvrez subitement l'orifice en grand, quand même il n'y aurait pas d'eau à cette hauteur, elle serait bientôt venue par suite du déplacement ; si vous en faites l'ouverture doucement, vous saurez à quoi vous en tenir par suite de l'écoulement qui se produit lorsque l'eau est à hauteur; il se fait toujours un petit écoulement, tandis que s'il n'y en a pas vous voyez la différence.

En alimentant le feu, vous éprouvez toujours une petite baisse de vapeur, qui n'est pas de longue durée si le feu est bien conduit, mais si le feu est mal conduit, quelquefois la baisse est d'une atmosphère. Vous pouvez être trompé par le combustible qui n'est pas toujours de la même qualité. Vous êtes obligé alors, au lieu d'alimenter constamment les pompes, de le faire seulement par intervalles. L'atmosphère est pour beaucoup dans la production de la vapeur. Si par un mauvais temps ou par un trop grand vent, vous jugez ne pouvoir charger votre feu à une station, vous prenez vos mesures et profitez de l'impulsion acquise pour charger votre feu en ayant soin d'avoir le régulateur ouvert afin que la flamme ne vous vienne pas dans le visage. Avec des souffleurs on peut éviter cet inconvénient; il serait à désirer que toutes les machines en fussent munies. Cette heureuse invention était restée trop longtemps sans application; on commence à en pourvoir les machines. L'alimentation du feu doit être fréquente pour qu'il développe toute l'action qu'il possède et que le nouveau combustible dégage son calorique constamment, sans refroidissement. Il faut aussi nettoyer souvent le feu, ne pas laisser accumuler les scories qui sont difficiles à faire disparaître, entraînent une perte de combustible et contribuent au refroidissement des parois de la boîte à feu. Vous voyez en nettoyant les boîtes à feu les dépôts calcaires qui engorgent les orifices de lavage. On pourrait y adapter un système d'extraction, qui consisterait en un fort robinet convenablement disposé et à la portée du mécanicien, qui pourrait ainsi faire écouler l'eau qui quelquefois arrive en trop grande abondance, sans qu'on s'y attende, quand on a oublié de fermer les pompes; d'autres fois des fragments de tartre se détachent et se dissolvent, et il en résulte une forte ébullition, que l'on ferait disparaître avec le système d'extraction proposé.

Pour arriver à être conducteur de machines locomotives, il faut avoir fait un noviciat convenable. Il y a deux sortes de noviciats : le premier est celui de l'ouvrier qui a travaillé pendant un certain temps aux machines, qui connaît les cylindres, la conséquence des frottements, en un mot l'ajustage et le montage; le second est celui de l'homme qui n'a pas été ouvrier. Le noviciat de celui-ci coûte plus de temps, mais cet homme, s'il a de l'intelligence, pourra faire un tout aussi bon mécanicien, non sous le rapport du travail manuel, mais par suite de connaissances spéciales appliquées au travail de conduite.

CONDUITE DES TRAINS DE MARCHANDISES.

Les trains de marchandises sont les trains les plus difficiles à conduire, sur les chemins où il y a de fortes rampes. Les mécaniciens les plus expérimentés se trouvent quelquefois embarrassés. Les mêmes machines ont les mêmes charges et le même nombre de wagons, et cependant beaucoup ont de la peine à remorquer leur train. Cela dépend quelquefois de l'état des wagons; ainsi il y a des trains qui sont composés en partie de wagons d'un très grand volume; pour d'autres c'est le contraire; ces wagons sont plus ou moins bien graissés. Dans tous les cas avant de se mettre en route, il faut consulter le train qui vous est consigné pour vous mettre en mesure de combattre les rampes et les pentes qui sont dangereuses. Lorsque vous arrivez au sommet d'une rampe assez rapide, il ne faut pas trop donner d'impulsion au train, pour pouvoir toujours le maîtriser; si la pente est longue et si votre machine est obligée de la parcourir entièrement, vous mettez les frottements des pistons, des tiroirs et même ceux des garnitures en souffrance; il faut en pareil cas, faire agir les freins par intervalle et donner de la vapeur pour empêcher tout mauvais frottement. L'on profite de ces occasions pour graisser les tiroirs et les pistons, lorsque cela est possible. Tant que les freins n'auront pas une puissance entièrement à la discrétion des mécaniciens, il y aura toujours des dangers à courir, dans les fortes pentes ou en temps de brouillard, car il est difficile d'opérer l'arrêt d'un train; cela demande autant de temps que pour donner au train sa vitesse normale. Les mouvements de gare sont très dangereux, la nuit ou par un temps de brouillard; par exemple, dans les mouvements de recul, il arrive très souvent que les chefs d'équipe ne donnent les signaux d'arrêt qu'au moment où les wagons vont se heurter, pour éviter de pousser un wagon; ces négligences ou plutôt ces imprudences peuvent coûter la vie à plusieurs hommes; toujours le mécanicien est compromis, et cependant il ne peut savoir comment les faits se sont passés à l'arrière. Il est bon, en faisant les manœuvres, de prendre toutes les mesures commandées par la prudence, surtout dans les mouvements de recul. Nous avons remarqué que beaucoup d'accidents arrivent dans les gares des marchandises, par suite de manœuvres.

Lors même qu'il n'y met aucune négligence, le mécanicien le plus expérimenté n'est pas à l'abri des accidents; il peut même éprouver de grands retards : ainsi lorsqu'il est obligé d'avoir des garages de plusieurs heure. Les frottements des wagons sont durs en hivers, le combustible noircit autour des parois du foyer; il en résulte plusieurs inconvénients; il y a des voies de garage qui ont plusieurs courbes sur de petits rayons; il faut se tenir dans les meilleures conditions possible, et vous êtes obligé alors de mettre l'intérêt de l'économie de côté pour accomplir votre service. Après un long garage, vous avez bientôt épuisé la vapeur, car le feu n'est pas toujours facile à nettoyer en dessous ; par suite, les parois du foyer sont en mauvais état; quelquefois ce mauvais état se fait ressentir longtemps et vous êtes sujet à perdre du temps. Ces inconvénients peuvent se renouveler tous les jours, il est donc bon de les prévoir.

Dans un voyage vous avez contre vous la résistance des frottements et du vent, les montées et les descentes des pentes, les abords des stations dans lesquelles vous ne devez pas vous arrêter. Quelquefois l'on y passe avant l'heure fixée, quand on ne peut pas maîtriser son train; si dans cette gare il se fait quelque manœuvre, votre passage inattendu peut occasionner des accidents, comme cela est déjà arrivé. En suivant notre manuel pratique, vous saurez prévoir tous les cas qui vous inspireraient de l'inquiétude, et vous vous mettrez en mesure de les combattre.

OBSERVATION

Sur la manière de conduire une machine locomotive, et de chauffer au coke ou au charbon avec le système de grille de l'ingénieur Chobizynski, au chemin de fer du Nord.

Quand on chauffe à la houille, il faut avoir soin de charger son feu à quelques centimètres moins haut que la porte et que le feu soit plus haut du côté de la porte que du côté de la plaque tubulaire; il faut boucher la cavité dans les angles et avoir un feu bien égal. Si l'on chauffe au coke avec les grilles ordinaires, il faut prendre les mêmes précautions, en se basant sur la qualité du combustible.

Dès que votre machine est lancée, qu'elle maîtrise bien son train, détendez fort, et vous consommerez moins, votre marche sera plus régulière et vous serez moins exposés à boucher vos tubes. Il ne faut recourir à l'échappement que dans le cas d'urgence; si l'échappement est serré, le piston éprouve de la résistance, votre marche est moins régulière et vous bouchez beaucoup plus vos tubes. Si vous avez trop de vapeur, il vaut mieux ouvrir la prise d'air sur la boîte à fumée que la porte du foyer; en effet lorsque vous ouvrez la porte du foyer, vous perdez la tension obtenue par le tirage, et quand vous ouvrez la prise d'air sur la boîte à fumée, vous n'éprouvez aucune perte. Ayez soin d'ouvrir le robinet d'épreuve aussitôt que la pompe est ouverte, à cause de l'air comprimé qui se trouve dans la pompe et qui pourrait faire sauter les joints. A l'arrivée au dépôt où l'on doit stationner, on remplit la chaudière suffisamment.

Lorsque vous arrivez dans une gare, il faut faire bien attention aux signaux, aller doucement, de manière à maîtriser complètement le train, car un aiguilleur ou un garde-ligne peut commettre une erreur. Dès que vous fermez le régulateur, embrayez votre levier de changement de marche en grand, du côté où vous allez; si vous laissez votre levier enclanché, vos tiroirs sont en souffrance, ce qui vous procurera un échappement dans la cheminée. Les tiroirs se lèvent par le moyen du piston qui fait pompe, et l'air concentré aspire le frasier de la cheminée, qui vient dans le cylindre et dans le tiroir, ce qui produit mauvais effet.

ARRÊT DES TRAINS PAR LES FREINS.

Pour l'arrêt des trains au moyen des freins, le mécanicien consulte la vitesse qu'il possède, et en même temps la charge et l'état du temps, la position de la voie, si pour arriver à une station, il y a pente, rampe ou palier. Ces trois positions demandent des précautions différentes. Il faut autant de distance pour arrêter un train que pour le mettre dans sa vitesse, toutefois quand la température est ordinaire, la machine en bon état et que vous marchez à la vitesse réglementaire au point où vous devez arrêter, c'est-à-dire où vous devez fermer le régulateur. Si vous arrivez en pente et si vous faites votre départ en rampe, le temps et la distance ne demandent que la même vitesse; si vous arrivez en rampe vous donnez une vigoureuse impulsion au train, car la disposition de gare ne permet pas d'arriver très vite, tandis que vous faites le démarrage avec plus de confiance et d'énergie, d'une manière plus assurée, quand l'arrivée et le départ sont avec paliers; ils s'effectuent absolument de la même manière.

Prenez bien note de tout, examinez avec soin si rien ne s'oppose à l'arrivée ou au départ; si la machine est en bon état, si les freins sont bien égaux. Les conditions de marche sont différentes par le temps de verglas et de neige; mais nous nous occupons maintenant des temps ordinaires, car les expériences se font toujours en temps moyen, à moins que l'on ne veuille voir ce que l'on pourrait obtenir de certaines machines dans la plus mauvaise condition de température.

L'enrayage des roues a des inconvénients : elles s'ovalisent en paralysant la vitesse; il en résulte presque autant de résistance; aussi une fois les roues ovalisées elles occasionnent des ruptures de ressorts; l'enrayage des roues ne devrait avoir lieu que dans des cas imprévus. C'est toujours l'adhérence qui trompe, en cas de temps humide, pour le point d'arrêt. Il ne faut employer la contre-vapeur que dans des cas exceptionnels : la contre-vapeur est dangereuse, tant pour les dangers auxquels elle expose que pour la détérioration de la machine; jusqu'à ce que vous ayez obtenu l'arrêt il serait bon de soulager les soupapes pour éviter tout accident. Les freins du train doivent être serrés les premiers. Pour vous assurer qu'ils sont bons, éprouvez-les à la première station; vous verrez s'ils donnent la sécurité désirable, en vous y prenant un peu loin dans la crainte de dépasser le but; vous ne faites agir celui du tender que pour fixer la caisse à eau à la grue. L'on ne saurait se rendre compte avec trop de soin de l'état des freins, pour assurer sa propre sécurité, et couvrir sa responsabilité personnelle, car toute infraction vous expose à comparaître devant les tribunaux. En vous retranchant strictement derrière les règlements, vous restez toujours à couvert. Il arrive très souvent que les agents préposés au service des freins du train s'oublient ou dorment. Il en résulte des accidents dont vous êtes la victime. Nous sommes persuadés que les freins ne sont la plupart du temps pas serrés. Aussitôt l'arrêt, consultez les roues qui doivent avoir été serrées; si vous les trouvez chaudes c'est que le serrage a eu lieu. Vous vous assurez ainsi par vous-même de ce qui a été fait, et vous le faites constater pour mettre votre responsabilité à couvert.

DES TEMPS DE GELÉES.

Les gelées causent des avaries très graves aux pompes et aux cylindres par la congélation; quelquefois on ne peut pas mettre une machine à l'abri de la gelée. Si vous êtes obligé de la sortir à froid ou en pression, assurez-vous d'abord si les pistons ne sont pas gelés; faites communiquer la vapeur dans tout le parcours du cylindre, réchauffé de manière que la vapeur sorte dans toutes les parties tant par les purgeurs que par les robinets graisseurs. Afin de fondre toute la glace, vous laissez les réchauffeurs ouverts pour dégager les pompes jusqu'à ce que l'eau chaude ou la vapeur sorte par le robinet d'épreuve. Il faut que toutes les sections des pompes soient parfaitement dégagées. Démarrez avec précaution, jusqu'à ce que vous vous soyez assuré que vous n'avez plus à craindre d'avaries. En route vous faites tous vos efforts pour que l'alimentation soit constante; même s'il était possible d'alimenter des deux côtés, mieux vaudrait avoir les deux pompes en état; si ce n'est pas possible il faut laisser le robinet d'épreuve ouvert du côté où la pompe ne fonctionne pas; en arrivant aux stations, fermez, pour que tous les tuyaux se vident; par ce moyen vous aurez plus de facilité pour dégeler au moyen du réchauffeur, si votre stationnement est assez long. Si vous avez un clapet de la pompe gelé et qui n'ait pas fonctionné en route, vous le mettez en état, vous le démontez même, s'il est trop engagé. La congélation peut faire crever la boîte à clapets, surtout si elle est en fonte, par l'augmentation du volume. Ne perdez pas de vue toutes les précautions prescrites, pour éviter les avaries qui vous menacent en pareil cas. Le travail des pompes pendant la gelée est un combat contre la nature; il faut faire tous ses efforts pour la vaincre. Si vous comprenez bien le travail à faire en cas d'avaries, dans les bonnes saisons vous marcherez plus facilement.

APPLICATION DE LA MARCHE DES TRAINS.

Un mécanicien faisant le service de trains de marchandises ou de trains de voyageurs, doit connaître son itinéraire, les heures de passage aux gares, les endroits et les heures où il doit croiser d'autres trains. Toutes les fois qu'il ne rencontre pas un train au lieu dit, il doit s'informer à la première station du motif du retard, afin de parer aux accidents, s'assurer, par exemple, que la voie n'est pas obstruée. Si vous ne vous attachez pas à bien connaître le service, il vous sera impossible de marcher avec sécurité, ce qui est essentiel pour marcher régulièrement. Il faut faire une grande attention aux trains supplémentaires, et pour cela se rendre compte des signaux de nuit à l'arrière du train, voir s'ils n'annoncent pas d'autres trains. Plus vous cherchez les moyens de sécurité et plus vous vous rendez capable. Ne croyez pas que, lorsque vous avez fini votre noviciat d'élève, et que vous avez une machine à conduire comme mécanicien, vos études soient terminées, il faut encore au moins deux années pour qu'un mécanicien connaisse parfaitement son service et ait l'assurance nécessaire; nous avons vu de très bons mécaniciens ayant cinq ou six années d'expérience, échouer dans bien des circonstances, les unes embarrassantes et d'autres très simples, faute de réflexion; si on a étudié un manuel pratique, et si on a tout bien vu et bien compris, on peut sortir d'embarras plus facilement. Nous avons la conviction que notre manuel fera surmonter bien des petits obstacles fort gênants pour les mécaniciens nouveaux.

Il faut faire des recherches continuelles. Chaque jour on apporte de nouvelles améliorations. Tout en n'employant que les moyens que nous indiquons, vous pouvez acquérir une grande habileté, car jusqu'à ce moment ils ont presque toujours suffi.

Les grands parcours ont développé l'intelligence des conducteurs; jadis, on n'avait que des parcours de vingt à trente kilomètres et on se trouvait très heureux de n'avoir pas échoué en route. Aujourd'hui on fait jusqu'à deux cents et deux cent cinquante kilomètres avec une régularité invariable; et on arrivera à trouver les moyens d'éviter toute espèce d'accidents. Plusieurs de nos confrères nous diront peut-être qu'ils savent parfaitement ce qu'ils ont à faire, et qu'ils accomplissent chaque jour leur service. Nous leur répondrons que notre manuel n'est destiné qu'aux élèves. Du reste, il y a des mécaniciens qui conduisent des machines depuis nombre d'années, et qui n'en connaissent nullement le travail mécanique; s'ils étaient interrogés par des chefs de service compétents, plusieurs peut-être seraient reconnus incapables et mis à l'index.

XXIII.

ENTRETIEN DU TENDER.

Les tenders sont exposés aux mêmes dérangements que les machines. La caisse à eau fixée sur le châssis au moyen de patins tenus par des boulons, éprouve souvent des pertes d'eau lorsqu'elle reçoit un choc; les ressorts se trouvent dans les plaques de garde et sont peu visibles, il faut une visite particulière pour se rendre compte de leur état. La rupture d'un ressort entraîne de faux frottements. Les tenders sont toujours très chargés de combustible, les points d'approvisionnement se trouvant fort éloignés. Le graissage des tenders se fait comme celui des machines. Le tender porte tous les outils et les agrès composant l'outillage, ce qui est très lourd : les agrès doivent toujours être dans le meilleur état; l'on est exposé à s'en servir à chaque instant pour les accidents de route. Il ne faut pas laisser accumuler le poussier dans le fond du tender, car les caisses à eau ne seraient pas de longue durée, elles finiraient par se percer, par suite de la rouille. Le ressort de traction, avec sa tringle, est fixé par une douille à clavette qui peut se perdre; il faut qu'elle soit vérifiée; les glissières des tampons comme guides doivent être entretenus et graissés; l'on a vu des tampons rester à fond entièrement dans toute leur tension; ils ont occasionné la rupture du ressort.

La partie qui est adaptée au tuyau d'alimentation demande beaucoup de soins; lorsqu'elle est trop serrée, elle occasionne la rupture du tuyau; s'il existe du jeu dans le support, vous courez risque de détériorer le joint de la prise d'eau, ce qui pourrait vous priver de la pompe; les barres de traction soumises à l'attelage de la machine avec leurs chaînes de sûreté, font partie du tender et appellent les mêmes précautions. Seules elles assurent la sécurité avec les deux boulons d'attelage. Le mécanicien et le chauffeur ne doivent pas négliger ces pièces.

La bonne volonté ne suffit pas, il faut encore posséder certaines connaissances pour assurer toutes les conditions de sécurité; voir tout par vous-même afin d'être certain que vous justifierez la confiance que l'on a mise en vous, et que s'il survient des accidents, rien ne puisse faire douter de votre active surveillance; car la responsabilité pèse tout entière sur vous; s'il y avait de l'incertitude, on trouverait des demi-preuves qui vous condamneraient. Si votre attention n'est pas soutenue, une traction par exemple peut se rompre en deux ou trois secondes; si alors vous êtes occupé sur le tender, votre machine se détache et part seule. Que deviendra-t-elle? Un accident à peu près semblable a eu lieu sur la ligne du Nord à une machine de gare. Par le moindre oubli, la moindre négligence, vous brisez votre avenir et encourez une condamnation grave. En lisant souvent cet article, vous vous rappellerez les soins que vous devez personnellement.

XXIV.

DES AMÉLIORATIONS APPORTÉES DEPUIS TRENTE ANS AUX MACHINES LOCOMOTIVES.

Chemin de fer de Saint-Etienne à Lyon.

Dans les premiers temps de l'exploitation de ce chemin on ne se servait pas de l'échappement pour donner du tirage au feu ; ce n'est que longtemps après que l'échappement a été adopté. L'on se servait d'un ventilateur monté sur le tender, avec un jet qui donnait sous le feu. De plus il y avait quatre chevaux dans un wagon-écurie, et on se servait d'un tablier pour les monter et les descendre ; quand la machine ne pouvait plus marcher, on les mettait devant pour traîner une douzaine de wagons avec la machine, en attendant que la pression montât. L'on faisait ainsi le trajet de Givor à Consont, près de Rive de Gier, ou 28 kilomètres, en 7 ou 8 heures, avant que l'échappement n'eût été adopté. Ensuite on a fait traîner 30 à 35 wagons à caisse par la machine seule, et le trajet n'a plus demandé que 3 heures. On descendait, le régulateur fermé, le plan incliné qu'il y a jusqu'à Givord.

On a, bien entendu, supprimé le ventilateur et les chevaux. Ces machines étaient à tocque, à balancier, cylindres verticaux montés par un parallélogramme; on garnissait lès pistons avec des tresses; il existait des ressorts à l'intérieur, comme segments. Ces machines étaient appelées *scieurs de long*, à cause des quatre roues accouplées; les jantes de ces roues étaient en bois ainsi que les rayons. On pouvait régler les machines en marche si l'on voulait, avec des rondelles en cuir ou en filasse, par la tringle du tiroir vertical, appelée Polichinelle. Les boîtes à graisse des roues contenaient jusqu'à 2 kilogrammes d'huile chacune et l'on graissait tous les trois ou quatre jours, selon le travail que faisaient les machines. Il y avait un galet en bois dans le fond des boîtes, monté sur des ressorts à boudins qui les faisaient porter sur la fusée. Il n'était encore question d'économie ni pour l'huile ni pour le coke; chacun consommait comme il l'entendait. On allait en avant et en arrière pour les trains, on ne tournait pas les machines. Le mécanicien était derrière la cheminée et le chauffeur, placé sur le tender qui était très-bas, ne voyait pas le mécanicien; le chauffeur pouvait piquer son feu en route. Les boîtes à feu étaient plus hautes que le tablier du tender. Nous n'avions pas de sifflets; il n'y avait pas de réchauffeurs, et les chaudières étaient toutes nues.

Pour manœuvrer ces machines, il fallait des hommes ayant une longue pratique. On ne pouvait arrêter qu'en donnant contre-vapeur de manière à enrayer les quatre roues de suite; si on manquait son coup, il était difficile de s'y reprendre et il fallait tenir les manettes jusqu'à ce que l'on fût arrêté; il en résultait qu'il était fort difficile de manœuvrer ces machines. Les pompes, au lieu des boulets, avaient des clapets, qui avaient l'inconvénient de s'engorger souvent.

Les balances des soupapes étaient des contre-poids en fonte ; l'échappement était vertical ; quand on n'obtenait pas assez de vapeur, on le rétrécissait du haut. Pour obtenir un échappement variable, on avait des tubes de cinq centimètres de grandeur, ce qui permettait à de gros morceaux de coke de passer par la cheminée ; le chauffeur en mettant au feu, n'avait pas besoin de chercher les angles du foyer, parce que la porte était de la grandeur du foyer. Ces machines ne pouvaient pas monter plus haut que Rive-de-Gier ; des chevaux remorquaient ensuite les wagons chargés jusqu'à Saint-Etienne, et les wagons descendaient de Saint-Etienne à Givord (36 kilomètres) avec les freins serrés.

En 1844, M. Verpilleux, de Rive-de-Gier, a fait des machines à quatre cylindres, qui remorquaient les wagons de Givord à Saint-Etienne ; deux cylindres étaient adaptés au tender. Ces machines n'existent plus. Quand on employait des chevaux, le service des voyageurs se faisait très mal. Il arrivait beaucoup d'accidents aux hommes et aux chevaux; les petits journaux de Lyon donnaient chaque jour le récit de quelque triste événement. Il n'y avait pas alors de police, pas de garde ligne, pas de palissades, pas de barrières aux passages à niveau, pas de signaux derrière les trains ni devant. Les rails étaient posés sur des dés en pierre, cloués avec des chevilles en bois et s'écartaient souvent. Presque chaque jour on signalait un déraillement d'un côté ou de l'autre.

Les aiguilles de changements de voies se manœuvraient avec les mains ou avec les pieds et sans contre-poids. Lorsqu'un train était arrêté sur la ligne on ne prévenait pas les autres trains. Le public, les voitures, les bestiaux traversaient la voie en tous sens. Il eût été à désirer que la police y mît ordre plus tôt; il n'y aurait pas eu autant de victimes.

CHEMIN DE FER DE STRASBOURG A BALE.

On employait sur cette ligne des machines système Sharp et Robert, sans détentes. M. Polonceau, ingénieur délégué de l'administration, ayant pris le matériel dans un très mauvais état, y fit faire d'heureuses améliorations surtout au foyer et aux plaques tubulaires, qu'il fit changer ainsi que les tubes. Les machines consommaient 15 ou 16 kilogrammes de combustible par kilomètre. Quand il eut fait mettre des recouvrements sur les tiroirs et les eut fait réparer, elles ne consommèrent plus que 6 ou 7 kilogrammes par kilomètre.

AMÉLIORATIONS APPORTÉES AUX MACHINES.

MODIFICATIONS FAITES A PARIS.

En comparant les machines actuelles à ce qu'elles étaient il y a trente ans, on reconnaît qu'elles sont beaucoup plus simples et en même temps plus puissantes. Pour ce qui concerne la distribution, les unes étaient à quatre excentriques, les autres à deux; les machines à quatre excentriques fixes n'ont pas donné des résultats aussi satisfaisants que les manivelles avec pied de bielle s'enclanchant sur un galet. Les tuyaux d'échappement étaient fixes, on les a rendus mobiles; le crochet de distribution a été remplacé par la coulisse; les tiroirs sans recouvrement ont été mis à recouvrement. Les espèces de paniers à salade, ajoutés aux cheminées pour empêcher la sortie des flammèches, ont été remplacés par des grilles fixes dans la boîte à fumée. Une partie du piston, qui était garnie avec des tresses, pour donner la bande aux segments, a été remplacée par des ressorts; les manettes doubles qui servent à changer la marche sont devenues simples; les machines sans excentriques avec parallélogramme, ont aujourd'hui une manivelle excentrée. Le contrepoids pour équilibrer la manivelle, a été ajouté après des études de M. Lechâtellier; les détentes variables ont été mises de côté. C'est vers 1839 qu'ont commencé les expériences de MM. Petiet et Flachat, ingénieurs, qui introduisirent des modifications notables dans les machines. On changea la forme des échappements; ils étaient coniques, on les fit à valves, tels qu'ils sont aujourd'hui. L'on étudia l'action de la vapeur sur les pistons avec six raccords, dont le premier était sur la boîte à vapeur, le second de la boîte à vapeur aux pistons, le troisième à la culotte de l'échappement, le quatrième au bout du tuyau de l'échappement, le cinquième dans la boîte à feu et le sixième dans la boîte à fumée. Tous les six étaient réunis sur une planche placée sur la boîte à feu, et visible pendant la marche. Cette disposition donna de l'exactitude au travail. Le manomètre placé à la boîte à vapeur, a donné avec exactitude le degré de la pression; celui de la boîte à vapeur aux cylindres agissant sur le piston a indiqué de combien la vapeur s'était détendue depuis la chaudière jusqu'à la surface du piston, le troisième a indiqué la sortie de la vapeur du cylindre à la culotte d'échappement, montrant s'il y avait résistance; le quatrième a donné la résistance aux bouts du tuyau d'échappement; le cinquième le calorique de la boîte à feu et le sixième le degré de chaleur de l'air contenu dans la boîte à fumée. Ces expériences ont été suivies sur plusieurs machines, et l'on a corrigé successivement tous les défauts du système. Il était impossible de ne pas arriver ainsi à des résultats satisfaisants.

Plusieurs ingénieurs ont apporté leur concours dans cette circonstance, et tout en faisant leurs expériences ont développé avantageusement l'instruction des mécaniciens. Ainsi M. Victor Bois, ingénieur, dans des cours sur les machines locomotives, a démontré avec une simplicité sans égale, tous les dangers que courent les mécaniciens, s'attachant particulièrement aux boîtes à feu, aux accidents qui peuvent résulter du manque d'eau et qui souvent ont pour unique cause un moment d'oubli ou plutôt d'imprudence. M. Bois passa en revue successivement toutes les pièces qui composent l'ensemble d'une machine, et fit comprendre le travail de la vapeur dans chaque partie, ce que beaucoup ne connaissaient pas.

C'est à la ligne de Saint-Germain que l'on doit la première instruction de conduite, qui s'est répandue dans tous les chemins de fer. Il est à regretter que jusqu'ici l'on n'ait pas fait de manuel pour les mécaniciens.

MM. Flachat et Petiet ont traité de l'échappement variable par suite de la différence de la vapeur de la chaudière à la surface du piston, allant jusqu'à une vitesse de quatre-vingts kilomètres à l'heure. M. Lechâtellier s'est occupé du travail de la vapeur et des machines dans différents ouvrages, notamment dans ses Chemins allemands ; M. Arthur Morin a traité des moyens de faire disparaître les résistances qui peuvent nuire à la marche d'une machine.

Toutes les expériences furent couronnées de succès. L'on construisit des cylindres d'un très grand diamètre, tels qu'on les voit aujourd'hui. Après d'incessantes recherches, l'on arriva à donner un calage aux poulies excentriques, pour faciliter le travail de la vapeur.

Chaque jour voyait paraître un progrès nouveau, et les mécaniciens se familiarisaient avec ces forces qui doublaient par suite de l'augmentation de la capacité des générateurs. La coulisse de Stephenson fut appliquée.

Le chemin de fer de Saint-Germain fit une école qui se propagea parmi nous.

S'il nous fallait raconter tous les changements qui se sont opérés depuis cette époque, nous aurions un gros volume à faire. Il est à regretter qu'on ne les ait pas recueillis à mesure qu'ils se produisaient; l'on aurait pu faire ainsi un travail pratique très utile pour les mécaniciens. Aucune des innovations proposées ne donnait, pour la conduite des machines, des facilités plus grandes que celles que l'on a aujourd'hui.

Nous devons mentionner les expériences que fit, le premier, M. Lechâtellier, sur la résistance de la vapeur au bout de la course du piston, par le recouvrement du tiroir de la vapeur. Stephenson imagina plus tard la coulisse qui donne la détente variable que nous avons maintenant, par le moyen du secteur à crans. M. Mayer imagina la détente variable au moyen d'un double tiroir, qui fut perfectionnée par M. Gosenbach. Il y adapta une double boîte à vapeur; chaque boîte à vapeur avec son tiroir respectif, dans le tiroir de détente, était commandée par l'excentrique de la marche arrière. Cette détente a donné de très bons résultats; mais beaucoup de mécaniciens n'ont pas voulu s'en servir, ou plutôt la plupart ne savaient pas l'utiliser; c'était, je crois, la meilleure détente variable. Nous devons ajouter qu'un grand nombre de mécaniciens se sont occupés avec un actif dévouement des améliorations qui leur semblaient utiles dans le travail manuel de la conduite des machines, améliorations très importantes, mais qu'il nous est impossible d'énumérer; nous ne pouvons que rendre hommage aux services qu'ils ont rendus. Ils ont formé des élèves habiles, ayant une solide instruction et qui ont été très utiles à l'exploitation des chemins de fer.

Si depuis trente ans, l'on avait pu suivre

pas à pas les améliorations faites dans tous les systèmes de machines, si chaque mécanicien avait été à même d'apprécier les grands changements qui y ont été successivement apportés, il en serait résulté de grands avantages. Il est surprenant que tandis que les machines marchaient à grands pas vers le progrès, la conduite de ces machines restait sans direction ; chacun a cherché à se créer un genre de travail particulier, quoique la conduite des machines soit très variée. Or, il y a toujours les bons et les mauvais moyens; il faut éviter les uns et se rendre les autres familiers. Pour arriver à ce but, on ne saurait trop étendre les connaissances pratiques, et le meilleur moyen serait que chacun n'hésitât pas à faire profiter les autres des fruits de son expérience.

En étudiant notre petit ouvrage, vous êtes certain d'y trouver un guide qui vous épargnera bien des erreurs et vous évitera des fausses manœuvres qui souvent sont fatales dans leurs résultats.

XXV.

NOTE SUR LES MACHINES DE BATEAUX.

J'ai été embauché, en 1823, par la Compagnie marseillaise, et mis à bord du *Corsaire*, qui faisait le service de Toulon à Civita-Vecchia. J'avais treize ans. Je suis entré comme râcle à bord, comme ramoneur. N'ayant ni père, ni mère, ne sachant où trouver du travail et manquant de pain, j'avais offert mes services, ne demandant en échange que ma nourriture. J'étais chargé du travail le plus ingrat qu'on puisse imaginer : mon emploi était de ramoner les parois des chaudières, les galeries, la cheminée, tous les quatre ou cinq jours; de sortir un ou deux tombereaux de cendre et de frasier; de passer tout nu dans les parois où j'étais gêné par les têtes d'entretoise et les rivets; j'en sortais tout écorché. De plus, j'étais le domestique de l'équipage; je mangeais les restes et j'étais maltraité de tout le monde.

J'ai quitté le *Corsaire* en 1826, pour être chauffeur à bord de la *Sylphide*, de la même Compagnie. J'y suis resté jusqu'en 1828. Je suis alors entré au chemin de fer de Saint-Etienne à Lyon, où je suis encore resté un an comme chauffeur avant de devenir mécanicien.

Pour commencer à allumer les feux des machines de bateaux, mettez un peu de bois près de la porte, placez du charbon demi-gros dessus et laissez la porte entr'ouverte. A mesure que votre feu s'allume, vous l'étalez un peu en avant, en le laissant toujours plus haut du côté de la porte. Vous bouchez les cavités. Si votre feu fait un gazon, vous lui donnez un coup de ringard de temps à autre. Dès que vos feux sont en état et que la machine est en mouvement, vous pouvez savoir quand il faut mettre au feu, en regardant le haut de la cheminée par les grilles ou de dessus le pont; tant que la cheminée fume, le feu va bien; si elle cesse de fumer pendant un quart-d'heure, vous allez visiter vos feux, pour y donner un coup de ringard; vous bouchez les cavités. Le nettoyage des feux doit se faire successivement s'il y a plusieurs foyers. Les chauffeurs chauffent deux à deux, se relevant au bout de deux heures. Leur travail consiste à entretenir les autels entre les grilles du foyer et les parois des chaudières, qui se font avec des briques et de la terre réfractaire; de laver les chaudières de temps à autre; et de piquer ou de râcler le tartre dans l'intérieur des chaudières, surtout près de la naissance des cheminées; ils sont encore chargés de nettoyer les machines et de laver la partie du bateau où sont les machines, la chambre du capitaine et leur chambre à coucher; de nettoyer leurs hamacs proprement. Le premier chauffeur a le commandement et la surveillance sur les autres; il est tenu d'aider le mécanicien pour l'entretien et les garnitures, pour démonter les plateaux de cylindres, les enlever au moyen des palans accrochés aux fléaux; si les cylindres se trouvent verticaux, pour monter les pistons à une hauteur suffisante pour pouvoir les garnir, les visiter ou les recharger. Il doit faire d'avance les tresses qui garnissent les pistons des pompes à air et les autres garnitures ; remplir les chaudières à l'aide de la pompe de secours à bras après qu'elles ont été lavées, et l'alimenter en route; après avoir fait piquer les chaudières, faire graisser les parois intérieures surtout du haut, au coup de feu, pour que le tartre s'attache moins. Il y a beaucoup de machines où les cylindres sont oscillants. Il est très facile au mécanicien de faire les manœuvres s'il comprend bien une machine, dès le moment qu'il reçoit l'ordre du capitaine qui se trouve sur le pont près des grilles ou du pilote, d'aller en avant ou en arrière, doucement ou d'arrêter. Il faut que le mécanicien soit prompt à obéir. Il donne un coup-d'œil sur ses fléaux, il voit la position de sa vapeur, il enclanche ses barres de route avec le pied ou avec la main; il donne la vapeur sur les tiroirs par le moyen d'un robinet sur chaque tiroir, ouvre ses vannes et règle sa marche en route. Toutes ces manœuvres dépendent du système de la machine: s'il est oscillant, à balancier ou autrement. L'entretien de ces machines est beaucoup plus facile que celui des machines locomotives. Le plus souvent ce sont les joints des injections qui sont à refaire ; ils sont cachés entre les terlingues des fonçures couvertes avec des planches à charnières ou en tôle; il faut les examiner souvent. Ces machines, considérées comme machines fixes, ne se dérangent pas souvent. Les systèmes ont beaucoup varié depuis quelque temps; il y a des chaudières tubulaires et à l'éther; il y a des machines à haute pression, moyenne pression ou basse pression.

FIN.

TABLE DES MATIÈRES.

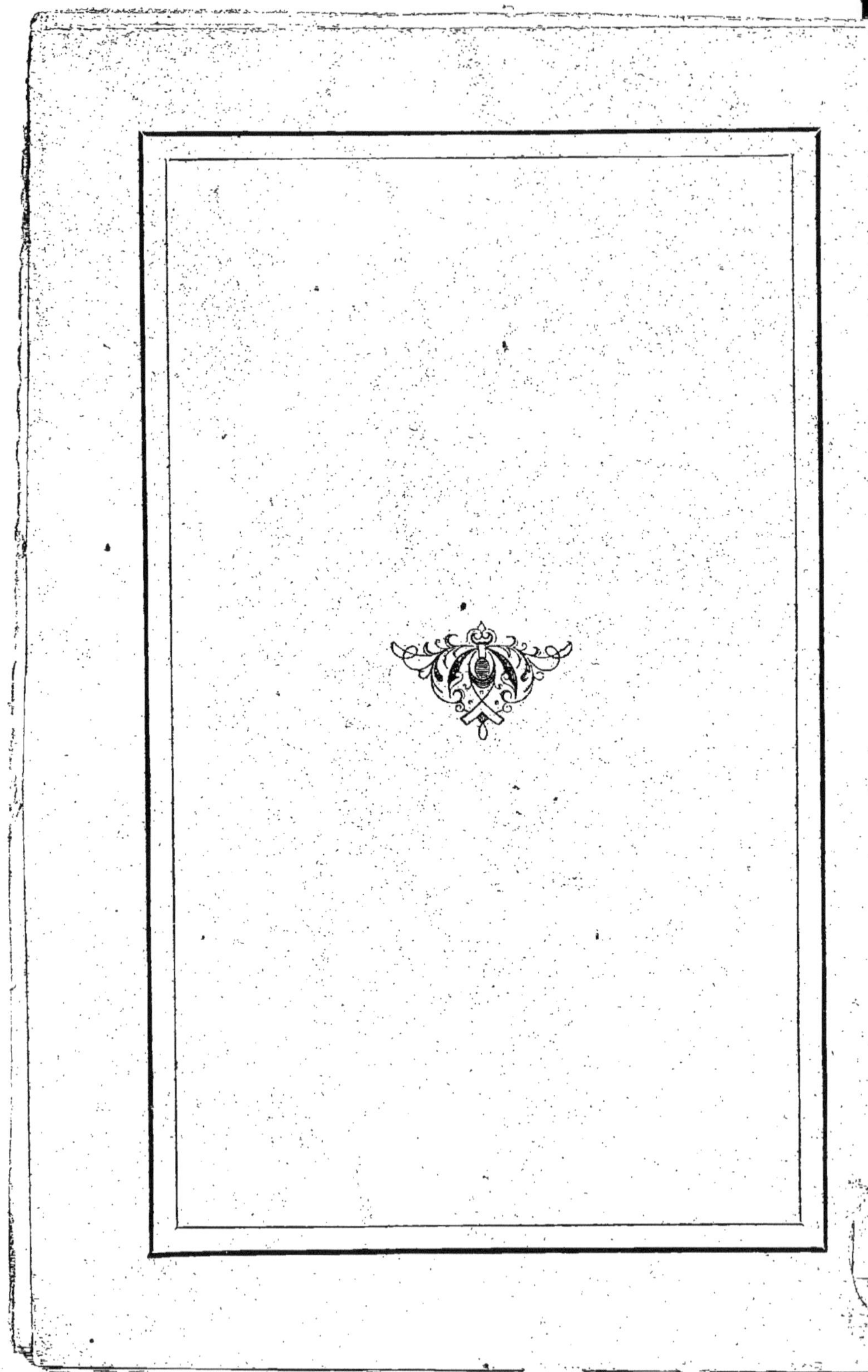

www.ingramcontent.com/pod-product-compliance
Ingram Content Group UK Ltd.
Pitfield, Milton Keynes, MK11 3LW, UK
UKHW012232240726
13966UKWH00003B/1061

9 782011 929051